数字化转型理论与实践系列丛书

大话数字化转型

迎接全行业的数字未来

刘 通 著

電子工業出版社
Publishing House of Electronics Industry
北京·BEIJING

内容简介

本书针对当前社会正大力推广的数字化转型的总体目标，以及各行业企事业单位对通过数字化转型提高自身服务能力和综合竞争力的迫切需求，从组织管理、技术思路、应用创新等多方面，对数字化转型的重要概念和实践方法进行了详细介绍。

本书适合对“数字化转型”话题感兴趣的广大社会群体阅读。在各章节中，通过适当引入生动巧妙的生活场景和行业案例，帮助读者更好地理解数字化转型的基本思想与重要观点。此外，本书对于旨在通过数字化转型改善所在行业服务水平和市场竞争力的大中型企业管理者及小微企业创业者来说，也可以作为参考或操作手册。

图书在版编目（CIP）数据

大话数字化转型：迎接全行业的数字未来 / 刘通著. —北京：电子工业出版社，2022.11
（数字化转型理论与实践系列丛书）
ISBN 978-7-121-44394-7

Ⅰ. ①大… Ⅱ. ①刘… Ⅲ. ①企业管理－数字化－研究 Ⅳ. ①F272.7-39

中国版本图书馆 CIP 数据核字（2022）第 187460 号

责任编辑：张　楠　　文字编辑：曹　旭
印　　刷：三河市龙林印务有限公司
装　　订：三河市龙林印务有限公司
出版发行：电子工业出版社
　　　　　北京市海淀区万寿路 173 信箱　　邮编：100036
开　　本：720×1 000　1/16　印张：11　字数：162 千字
版　　次：2022 年 11 月第 1 版
印　　次：2022 年 11 月第 1 次印刷
定　　价：56.00 元

凡所购买电子工业出版社图书有缺损问题，请向购买书店调换。若书店售缺，请与本社发行部联系，联系及邮购电话：（010）88254888，88258888。

质量投诉请发邮件至 zlts@phei.com.cn，盗版侵权举报请发邮件至 dbqq@phei. com.cn。

本书咨询联系方式：（010）88254579，zhangn@phei.com.cn。

自 序

虽然数字化转型的概念这几年炒得十分火热，但是人们利用信息技术解决业务困难的想法并不新鲜，只不过随着市场行情的不断变化，我们对信息与商业如何结合并创造价值的认知和应用也在不断地深入。

在这个激荡振奋的时代，我们很好地完成了从信息化到数字化的过渡，更加机缘巧合的是，我个人在数据科学领域的能力和见解，也几乎是同步成长的。

在我刚刚就读上海交通大学本科的时候，学的是信息管理与信息系统专业，那时受到学院课程设计的影响，我比较关注的是如何针对企业的个性化业务需求，设计并实现一个功能和界面都友好的业务信息系统。当时，我对信息价值的理解，更多地停留在如何提高企业现有日常业务的执行效率上，当回过头来反思时，发现那时构建的思维模式是典型的信息化时代思维模式。

当我继续在本校读研时，开始接触更多融入信息属性的研究课题和商业实践项目，我思考了许多信息技术如何影响人的群体性决策思维模式的问题，也大胆实践了 XBRL 技术标准下自动化财会报表生成与解析的平台项目。

我对信息的关注从渠道问题转向了内容问题，也就是开始研究如何从数据中获取有用的业务知识，机器学习、深度学习、数据挖掘、模式识别，这些“高深”的概念都触碰过，这是我和数据科学结下不解之缘的开始。对于一个管理学背景的学生来说，这个过程虽然有些痛苦，但我仍然决定“跨界”去深入研究这些“晦涩”的底层算法和技术。

在博士科研阶段，我着手研究平台经济的底层逻辑，当时正值“互联网+”模式的企业激战正酣。以在线医疗为出发点，通过对医生和患者在线就医行为的分析研究，我深刻认识到原来信息技术可以如此颠覆一个行业的整个经济业态和“玩法”。因为引入了数据这个元素，同样的市场需求，竟然能用另一套全新的思维模式来解决，任何传统行业和互联网结合都可以是一个全新的“物种”。

毕业后，我先从事了金融支付行业的规划管理工作，紧接着又跨行深入了解了针对数据科学前沿算法理论的基础研究工作。在实践过程中，分别从市场和学术上，对数据科学的认知进行了全面的提升和深化，并积累了许多数据在具体业务应用上的宝贵经验。

2020 年，“数字化转型”这个概念正式提出并被大力宣传推广，我想此时正是把我对数据行业的见解分享给各位同行一起交流探讨的机会，期待我的交叉学科背景带来的独特视角能够帮助广大致力于通过数据和信息技术改变企业经营现状的管理者们更好地解决问题。

数字化是企业成长的必修课，让我们共同上好这一课，愉快地学习关于数据科学的宝贵知识！

前　言

走进数字化时代

后疫情时代，直播带货、远程办公、远程医疗，以及在线教育等数字经济新兴业态获得了快速的发展，我们的社会正在加速进入数字化时代。当下，越来越多的企业正在进行数字化的业务转型，逐渐成长为具有数字化基因的成功企业，这些企业充分利用数据挖掘、数据分析等前沿的大数据技术，持续地为消费者提供高价值的数字增值服务。

在当今高度信息化、智能化的时代，进行数字化转型的企业比传统经营模式下的企业具有更强的运营能力、更强的市场反应能力、更强的业务创新能力，以及更强的综合产业竞争力，这些企业更容易获得市场上的成功。由此可见，数字化是未来企业战略改革的大势所趋！那么，我们到底应该如何理解数字化转型呢？

数字化的核心理念是，企业采用数据分析技术，从开源的公共数据和大规模的业务数据中用统计分析或智能算法发现有价值的业务规律，面向企业的战略目标，有针对性地对现有的业务进行优化，发展新的业务形态，提升企业的竞争力，增加产品和服务的综合价值。

数字化是目标也是方向，是技术也是艺术，是方法也是理念。而如果要用一句话来概括数字化，那么我认为，数字化就是充分挖掘数据内涵并实现业务的进化升级！

纵观企业经营模式的发展历程，通过数据分析的方法对业务进行改良优化的“传统”由来已久。尽管早在21世纪初，国内外就有了非常多关于在线网络应用的成功企业案例，但在业界，全面推广数字化也只是近几年的事情。那么为何数字化的概念突然如此火爆，又为何企业数字化转型的进程突然进入了快车道?

当下企业数字化转型的流行与发展，与整个社会的时代发展和市场变革密切相关。在数字化转型的时代大背景下，到底发生了什么？

其一，是产品的虚拟化。

随着PC互联网和移动互联网的大规模普及，消费者对网络应用的接受和依赖都越发强烈。很多行业的基本模式都呈现出了非常明显的网络化特征，企业的业务能力不仅体现在线下的产品和服务上，而且体现在借助互联网渠道创造许多线上的服务和产品上。线上的服务和产品本身具有非常明显的数字化特征，具备虚拟、抽象的物理形态。其中，数据元素是产品的重要组成元素，也是支撑服务发生的重要依据。基于互联网的产品应用天然就携带着十分丰富的数字化基因。互联网不仅把内容从线下搬到了线上，而且通过构造紧密的渠道连接，改变了内容生产者和内容消费者的关系。

例如，互联网将很多原本需要线下物理载体的文娱作品搬到了线上，在网络环境下，实现了信息的充分共享和传播，其中包括了数字音乐、创意视频、数字电影，以及原创小说等诸多的数字产品类型。这些数字产品内容通过社交媒体持续地酝酿、发酵，促进新的创意和创作的产生，形成良性的文化产品市场生态。在数字产品的经济模式下，消费者通过密集的互联网媒介触点，深度地参与了文化产品从创作到发行的整个生命周期。其中，前期的产品规划依赖于用户点击率分析，中期的产品内容创作基于海量音/视频数据的智能生成算法，后期的营销宣传则依赖于各大网络社区的口碑管理和品牌管理。

其二，是服务的定制化。

在网络环境下，很多数字化产品或服务也体现出非常明显的定制化特征。尤其是“Z 世代”的消费者，他们的性格特征明显，张扬个性的需求十分强烈。当下的市场已经无法用通用的模板来刻画用户的特征，圈层文化甚至已不再是主流，很多业务面向的消费者可以说是千人千面。面对“粉尘化”的市场结构，基于市场细分的思路越来越不适合指导商业行为，这样的市场无法人为提前规划，只能随实际需求动态配置，此刻或许只有依靠机器的数字化解决方案才能有效地应对这样复杂的应用场景。

从技术视角来看，数字化的根本目的就是把正确的服务和产品在正确的时间和正确的地点，以正确的方式，提供给正确的用户。

市场结构变复杂了，因此商业的底层逻辑也要改变。以前是人找服务，在数字化的场景下，则需要以“数据驱动”的方式，实现服务找人！

例如，社交媒体平台可以通过分析用户喜欢的热点话题和日常对 App 或网页的访问浏览行为，自动地推荐用户感兴趣的新闻、图片、视频，还可以推荐相关领域的流量博主让用户进行关注；对于电商平台来说，则可以通过分析用户购买产品的历史记录，发现用户的消费层次和消费偏好，对用户进行个性化的产品推荐，根据现实场景实时推送打折优惠信息……类似的例子还有很多。

在数字化时代，生产者考虑的核心问题不再是如何创造一个可以取悦所有消费者的全优产品，而是如何高效率地实现“人-产品”“人-服务”的匹配问题。而如何有效地解决匹配问题，关键在于解决网络时代海量信息下，信息的不对称问题和信息的过载问题。先通过业务系统自动地生成数据，再利用算法挖掘数据中具有启发性的规则和知识，从而实现智能化的业务匹配需求，这是数字化时代给出的近乎完美的应对思路。

此外，在生产端，面对越来越复杂的商业服务活动，企业的日常运营需要更加快捷的执行效率。

数字化的解决方案不仅优美地解决了如何高效率匹配的问题，而且解决了企业的经营效率问题。基于机器的智能化应用解决方案在很多场景中比人更加可靠！

效率，始终是企业在业务运营中应当考虑的重要课题。为了保证企业在运营上的执行效率，很多业务环节都需要结合即时的应用场景信息进行快速的分析和优化。而通过对企业的数字化改造，则可以有效地解决企业运营中普遍存在的效率低下的问题。

首先，企业通过业务信息系统对生产或服务过程中产生的数据进行批量采集和结构化处理；其次，结合所采集数据及业务运营优化目标，动态地生成优化问题；最后，通过高速的计算机算法模型，自动求解优化问题，实时地形成业务解决方案。

诸如此类的实践应用最适合解决“需求调度”类的业务问题，如外卖平台的派单系统和路线规划系统。在外卖骑手的配送业务中，平台结合订单所处的地理位置信息动态地对骑手进行外卖派单，同时对骑手进行最优的派送路线规划，以保证大多数的订单能够在给定的时间节点之前及时地送到顾客手中，充分地保障外卖派送服务的质量。

除效率外，安全性也是企业非常重要的业务质量评价标准。

传统的线下业务为了保障业务过程的安全稳定，需要投入大量的人力监管和人力审核成本。在数字化的思路下，产生了很多面向安全的解决方案。数字化的安全应用，一个典型的例子就是当下非常热门的区块链技术。区块链的底层逻辑是通过构建一个“分布式”的数据架构，结合足够复杂的数据加密机制，完成用户身份和权益的认证需求，保证业务发生的有效性和真实性。

另外，在生产相关的企业部门，数字化技术也可以有效地纳入生产安全管理的环节中。比如，通过大量的工业传感器对相关生产数据进行采集和监控分析，对生产线可能发生的异常问题进行实时诊断，甚至做到提前预判。这方面的数字化应用极大地降低了生产事故发生的概率，保障了生产活动安全稳定。

数字化的另一个比较惊艳的好处是，给企业经营决策消除了“信息迷雾”，带来了更多的确定性。

随着现代企业规模的不断扩大，各行各业的产业格局越来越具有综合性，在国际化和跨区域化的趋势下市场竞争也日益激烈，企业管理者面对的经营决策问题更加困难。

当代的商业环境是一个复杂的非线性动态系统，这对企业进行更加科学和精益的管理提出了十分“严苛”的客观要求。为了有效降低管理者决策的不确定性，同时提高决策目标产生期望收益的平均水平，需要管理人员具备更加强大的业务分析能力。

由于企业的管理决策目标往往具有很高的综合性，其背后需要考虑的市场变量也十分繁多，因此需要在科学管理的指导思路之下进行决策。无论是战略级别的管理决策问题，如企业并购、上市、调整经营范围，还是战术战法级别的决策问题，如选址、进货、人员招聘，背后都需要基于大量数据的客观分析和理性判断。

在上述过程中，采用数字化的业务体系，挖掘市场调研信息，并充分利用业务系统产生的大量数据，可以提升管理人员决策的自动化水平和智能化水平。相较于过去通过直觉进行分析决策，采用数据的客观计算结果会更有说服力，同时也会大大提升一个企业管理团队的整体决策效率。

举一个比较形象的例子，瑞幸，作为一家咖啡行业的零售企业，通过对自身线上与线下的销售数据和第三方数据管理平台进行多渠道的关联分析，获取了完整的目标用户群标签画像，并通过智能化的“选址模型”，自动定位能够有效覆盖目标客群，并且支持最大外卖可触及战略目标的潜在门店地址。

时代洪流奔涌向前，市场对数字化业务的需求十分强烈。无论是消费者、生产者，还是管理人员，对企业的数字化转型的要求都十分迫切。我们对数据应用的需要一直以来都存在，只是先前时机还不成熟，但现在，无论是社会大环境还是所有的企业利益相关者，都做好了迎接变化、迎接挑战的充分准备。

我们看到，当今时代的商业活动如此复杂，而机器在解决复杂问题方面，相较于人类又有着天然的能力优势。计算机技术、信息技术，以及通信技术的快速发展和进步，让我们应对这些问题时不再束手无策。接下来，我们只需要有好的想法和大胆创新、改变的勇气。

纵观历史，很多新兴事物的发展都需要依托于特定的时代背景，而对于企业的数字化转型，当下就是最好的时代。不管是对企业，还是对个人发展，了解数字化，学习数字化，都是一件非常有意义的事，同时也是一项值得亲身实践和探索的伟大事业。

作　者

目 录

第一章

互联网、大数据、人工智能：数字化的“三驾马车”

“数字化”的概念并不是凭空产生的，更不是喊口号喊出来的，每个“数字化”业务的落地，其底层都是由复杂的前沿技术实实在在地支撑的，比如互联网、大数据，还有人工智能。在这儿，我更愿意把这 3 项技术比喻为“数字化”的三驾马车。

我们赖以生存的“互联网技术”，起源于 20 世纪 80 年代；传说中只明白词义，但不知道有什么用的“大数据技术”是 21 世纪初开始被宣传起来的；而“人工智能”这个“硬核”概念，其实早在 20 世纪 50 年代就被低调提出，可是直到 2016 年的一场“AlphaGo 大胜围棋神手李世石”才真正广为人知。这些技术经过了这么多年的升级和迭代，早就在各个领域发展得炉火纯青。

所谓“数字化”技术，其实就是把这 3 个人们早已耳熟能详的技术揉在一起，回炉重造，再筛选、加工，最后产出的过程。这也正是“数字化”和这些技术概念之间看似一目了然，实则千丝万缕的“暧昧”纠葛。

举个形象的例子说明或许更加明白。比方说我要买一根冰棍，最初要找楼下背箱子的大爷，大爷辛辛苦苦背一个漏水的小箱子，里面放着冰和唯一的商品——“老北京冰棍”。后来，生活环境变好了，那个漏水的小箱子变成了高级冰箱，搬进了舒适的超市和便利店；冰棍种类变多了，不光有老北京冰棍，还有巧乐兹、苦咖啡、老酸奶、小布丁……再后来，超市的大爷开始在网上开店，冰棍不仅能卖给社区一起下棋的大爷、大妈们，还可以卖给附近几个大楼里辛勤工作的“打工人”。网上轻松下单，快递飞速送到手。这就用到了“互联网”技术。

在这个过程中，肉眼可见的变化是，买冰棍的人从 50 人变成 5000 人，再变成 50 万人。销量变大了，每笔网上“卖冰棍”的交易都会产生数据，于是数据量也变大了，这就产生了“大数据”。

更神奇的是，消费者不仅通过互联网购买冰棍，还在购买的过程中，留下了个人信息，比如姓名、电话和收货地址。同时，互联网还记录了他们其他喜好的产品的购买记录，甚至还包括了他们的“逛街”记录。当这些信息汇集在一起时，就能反过来“指导”更多商家怎么卖东西，而不只是卖冰棍。

例如，这些信息可以告诉这些商家他们的客户一般住在哪里，“爱马仕”的崇拜者是不是更容易买“钟薛高”，“小布丁”的粉丝们是不是更偏爱帆布包……聪明的机器和智能算法能够快速地把消费者可能喜欢的东西直接推送到他们眼前，而这背后依赖的技术，就叫作“人工智能”。

归纳一下就是，在一个相对常规的“数字化”业务中，互联网提供“业务渠道”，大数据提供“业务产能”，而人工智能则负责提供“业务内容”。

如果把数据到数字产品的全流程生命周期比作一般工业产品的生产过程，那么互联网技术可以比作进货部门和销售部门，大数据技术可以比作生产部门，人工智能技术就可以比作设计研发部门。可以说，几乎任何数字化应用都是这 3 种技术要素的灵活组合。

在接下来的 3 节中，我们分别聊聊互联网、大数据、人工智能在企业的“数字化”进程中具体扮演了怎样的角色。

第一节 互联网：连接数字原料与数字产品

当今时代，数字化转型已经成为一个火热的概念，各行各业都在争先恐后地进行转型实验，通过挖掘数据中的价值来提升自己的核心竞争力。历史上，任何商业上的革命都离不开技术的进步。那么，到底是哪些技术给企业的数字化转型带来关键的“推动力”呢？本节先来聊一聊互联网技术对企业数字化转型发挥的关键作用。

互联网作为“数字化”的桥梁，通过网络设施把系统、人、信息关联起来，非常称职地承担了“数字”架构中底层的数据“渠道”功能。

■ 线下到线上：让商业活动有迹可循

首先，互联网解决了数据来源的问题。通过互联网技术，线下物理世界的商业活动能够在虚拟的数字世界产生痕迹，使得企业的经营行为变得可分析、可优化。既然我们提到互联网，那么就要从企业的信息化建设聊起了。

企业进行“数字化”改革，必然要先经过“信息化”的发展阶段。而互联网本来是信息化时代的产物。众所周知，在信息化时代，互联网技术加速了各个业务环节之间的沟通，提升了信息的交换效率。

企业的“信息化”发展，确实给很多行业带来了“惊喜”!

以前，一个公司职员要想审批一份合同，需要在整个办公大楼跑上跑下地传递材料，等着各个部门的办事员盖章签字，不仅被动“锻炼身体”，还经常找不到人，白跑一趟；有了互联网，很多办公手续都“线上化”了，提交电子申请后，所有相关人员都能按流程看到，动动手指，流程就走下去了，线下一周才办完的手续，线上可能一个下午就完成了。

互联网对消费购物活动的影响也是一样的。过去，如果我们想买件称心的衣服，就得花费很多时间到处逛，开车到市中心逐个门店转悠，挨个柜台询问，既浪费时间，又可能造成交通拥堵；而自从各个电商平台出来以后，买东西这件事就变得容易多了，想买什么就搜一下，各价位、各厂家的产品一股脑地全在网页上罗列出来了，翻翻产品图片，看看用户评论，就知道买啥了，将商品“拖”进购物车，输入支付密码，完成交易！

上面的这些例子中都是互联网给我们带来的各种直观的好处。但是互联网的价值却不仅如此，基于互联网的在线应用给我们带来更加意外的惊喜是，它们有效地解决了数据生成的渠道问题。

什么意思呢？当用户产生了所谓的购买行为，比如点击某个按钮进入某个网上店铺的页面，平台系统就会自动地记录他的“购买足迹”，这个时候系统所掌握的用户行为数据就会更加完善。在这个过程中，互联网成为企业获取数据的重要渠道。

如果没有互联网，一个门店的店主要想知道哪个产品卖得好，为什么卖得好，就需要讨人嫌地发问卷获取消费者意见，或者派人“杵”在柜台旁盯着观察。而有了互联网，计算机就可以把一切都详细地记录下来：用户怎么进入购物平台，是通过搜索引擎还是微信小程序，通过哪个链接，用没用“打折券”，一次买了多少，什么时候买的，有没有分享购物链接给朋友，多长时间后会再买，买完评价如何，买完合不合适及有没有退货……这些信息都会被自动录入数据库中，所有这些信息对商家来说一目了然。

而完成这个任务，只需要网站技术人员的几行代码！

近几年，随着越来越多的人和机器连接到互联网，数据产生的速度越来越快，已经呈现出明显的“爆发”特点。互联网制造数据的水平到底有多强？

看一组数据或许更加明白，IDC 发布的报告《数据时代 2025》显示，“全球每年产生的数据将从 2018 年的 33ZB 增长到 175ZB，相当于每天产生 491EB 的数据”。假设所有文件的格式都是文字，则把每天增加的数据量全部用 A4 纸打印出来摞在一起，可以绕地球近 2000 圈。

正如前面我们所提到的那样，“数字化”的本质其实就是将数据进行获取、加工，再以服务的形式发布。互联网技术不仅具有从业务中快速产生数据的功能，同时也具备了高效输出数字服务的能力。

有了互联网技术，就构建了从业务到数据，再从数据到业务的紧密业务闭环。互联网技术的成熟发展，对各行业在“数字化”方面创新的具体价值体现又是怎样的呢？这要从消费服务业和工业制造业两个方面分别来看。

消费互联网：数据其实最懂你

消费服务业中的互联网，也就是我们“熟悉”的那个互联网，是直接面向C端消费者提供数字服务的，也就是面向你、我、他这些直接买东西的人。经过40多年的发展，互联网已经从1.0时代发展到了3.0时代。在这个过程中，网页的特效做得更加“酷炫”了，比如上网时经常不经意弹出来撩你一下的小广告！网站上播放的内容更加丰富了，从网剧到全球赛事直播应有尽有。在线应用的呈现形态也越来越新鲜了，以前只有“枯燥”的电话黄页，现在出现了公众号和小程序，想想Candy Crush里剥糖纸的“诱人”声音，还有那个容易使人上瘾的赢积分转盘游戏。

技术的进步不仅改变了广大网民的应用体验，更重要的是重塑了人与人、人与物之间的“连接”方式。

在互联网1.0时代，信息是单向传播的。

在互联网上，几乎所有信息的传播都是网站的运营者进行编辑发布的。谁发明了这个网站，谁就得“马不停蹄”地发布各种有趣的故事、新闻、图片、游戏和电影，变着花样地把网上“游荡”的用户都吸引过来。例如，在黄页网站，所有信息都是由内容发布者辛辛苦苦地码字录入的，而用户唯一的参与方式，就是从黄页里把电话号码抄录下来。可想而知，在那个“淳朴”的年代，互联网上可以产生的数据量是非常有限的。

在互联网2.0时代，信息是双向传播的。

信息的创作、发布和分享变得更加容易，除了网站的运营者，网站面向的所有用户都是重要的信息传播者。这时候，任何网民都可以随意地基于兴趣或需求发布自己的个人观点。只要对某个主题感兴趣，人们就可以发微博，上传有趣的图片和视频，还可以回答别人提出的各种稀奇古怪的问题。

现在，我们到了互联网3.0时代，即移动互联网时代。

这是一个人人都可以抱着一部手机开心上网的“美好”时代。此时互联网上的用户几乎都处于持续在线的状态，而且由于可以做到每人单独享用一部手机，甚至多部手机，于是就可以实现所谓的“人机合一”。只要分析某部手机在网络上的行为，就能了解到某个具体的人在网络上的活动特征。互联网甚至比你的亲戚朋友更了解你是谁！例如，我今天拿着手机在“小红书”上搜索“埃菲尔铁塔”，明天“小红书”就可能给我推送“巴黎美食”“巴黎攻略”“巴黎街拍”的相关信息。

在互联网 2.0 时代，上网主要靠台式计算机或笔记本电脑，因此叫作“PC 互联网”时代。而在互联网 3.0 时代，上网则更多的是靠手机或 iPad 等移动终端，于是就进入了“移动互联网”时代。这时，以各种 App 或浏览器作为入口，大量的移动终端被接入互联网环境中，于是我们从互联网中能够获得的信息也得到了进一步的丰富扩展。

在互联网 3.0 时代，随着用户在线时间的不断增加，在线应用的不断丰富，以及手机用户普及率的持续升高，数据的“维度”增加了！

数据“维度”，代表数据本身涉及的方面和角度，也就是我们通过数据看到世界的完整度或多元化程度。例如，一条商品交易数据记录，原先只有姓名和价格，而现在，一条数据记录还会包含交易时间、交易金额、交易产品类别、交易地点、交易人、交易方式等维度。

移动互联网时代引入了更多的数据维度，比如时间、空间和人。这让我们能从数据中“提炼”出更多有趣的故事，然后得到用来优化业务的重要知识。例如，我仅仅知道一个养狗的人需要买狗粮，这件事并不稀奇。可是如果我能知道一个住在上海的养狗人，不仅需要狗粮，还需要有机狗粮，那么这个信息对于卖狗粮的商家来说就更有价值，这会影响到商家的产品销售地点，以及产品销售品类。

在 PC 互联网时代，数据是“平面”的，我们只能看到数据本身，但不知道数据产生的具体场景化信息。例如，我在网上买了一支笔，我们既不知道是谁发布了这条数据信息，也不知道是在什么地方发布的这条数据信息，甚至数据本身产生的时间信息也会弱化。

然而，在移动互联网时代，数据是“立体”的，数据天然地携带着时间、空间、人物的标签，通过分析移动端产生的数据，可以更加清楚数据产生的场景，线上的内容也能更好地对应到现实的世界中。

通过分析移动互联网上产生的数据我们可以知道：某个持有北京号码手机的青年在上海出差，刷二维码乘坐地铁在南京路下车，在地铁口的便利店通过小程序买了一杯热豆浆当作早餐，用了刚刚领取的电子优惠券，最后又自拍了一张照片发在微信朋友圈，背景是外滩……

移动互联网让我们更好地了解产生数据的手机端用户正在经历着什么。以前我们经常开玩笑说，在 PC 互联网时代，你根本不知道网络的另一端究竟是人还是狗，但是在移动互联网时代，我们不仅知道网络的另一端到底是谁，还知道他此时此刻的心情，甚至知道他想要什么。可以说，移动互联网很好地支撑了“数字化”业务活动的开展，让数字化服务能够轻易地触及任何我们获得的目标用户。

工业互联网：设备像人一样沟通

接下来，我们聊聊在工业互联网场景下的数字化是如何帮助企业提高业务效率并获得竞争优势的。工业互联网这个概念最早是由美国通用电气公司在 2012 年提出的，定义其是一种开放、全球化的网络，将人、数据和机器连接起来。由此可看出，工业互联网的使命就是让工业生产更加智慧、有效率。

提到工业互联网，就不得不提到物联网，这两个名词经常会被混着用。工业互联网是依托于物联网的，但不同的地方在于：物联网强调的是构建物和物之间的连接，比如计算机和遥控器之间的连接，或者传感器和加工机床之间的连接；工业互联网则具有更加宽泛的含义，它不只连接工业设备，还强调对工业生产线上的人员、设备、物料，以及管理系统进行全面连接，是用互联网把生产环境中的全部人、事、物都串联起来，以支撑各个环节的业务活动。

基于工业互联网的“数字化”业务，对工业生产数据进行智能分析，从而对整个生产制造过程进行智能化的管理和运营，我们给这个模式起了个更加响亮的名字，叫“智能制造”。

简单地说，原先每个工厂，甚至每个设备，都需要一个值班人员边盯着机器参数边不断抄录的费事环节，现在都可以靠机器设备自动完成了。机器自动记录的数据可以支持加工设备的自动生产，同时，也能够实现对工厂中生产事故的提前预警。

这样“智能化”的操作，不仅能让整个生产过程更快、更准，还节约了非常多的人力成本。于是，工业互联网在工业生产行业的大规模应用，催化了整个信息技术概念对工业活动的全价值链和全供应链的深度整合，完全重塑了以生产部门为中心的工业信息网络。

在过去的几十年中，制造企业利用信息技术提高自己的运营能力，大量引入信息系统来进行生产和管理。这里面就包括解决制造企业资源管理问题的ERP系统和针对车间运营监控的MES系统。这些系统在工厂长期的运作中积累了大量的生产制造数据，为实现制造业的全面智能化打下了坚实的基础。

类比消费领域产生数据的“用户点击”动作，在工厂车间里，数据产生环节就变成了设备在生产制造过程中的规定操作活动，比如某个机械手臂摇摆幅度和力度，或者某个待加工零件从前一个工位被移动到了其他工位。这些小的生产线状态“情报”都会被自动记录在各个工业系统中，最终构成企业巨大的工业数据体系。

而当我们把这些工业系统接入互联网中，让这些系统利用各自存储的有价值的数据进行协同工作时，就可以收获很多非常直接的“好处”。这些系统通过网络直接与生产控制设备进行连接，当发现需要做什么时，会马上通过工业互联网通知到相应的生产设备，来进行下一个步骤的加工操作。

在这个模式下，机器自己会配合“干活儿”，再也不用“工人”手把手带着做了。而每个机器系统里存储的数据，则可以发挥“工人”大脑的作用，指挥生产线上的工业活动。

当然，能够接入工业互联网的不仅可以是信息系统，还可以是生产设备，甚至可以是生产线上“流转”的一个个待加工的零件，如螺钉、半导体、轴承、芯片。每个生产线上的零件都可以看作一个独立的“数据单元”，而这个“数据单元”既承载了它在整个生产线上的经历，也记录着当下的生产状态：这个零件正在被加工、等待、查看温度是否正常、查看硬度是否达标、查看是否正在被从一个工位拿到另一个工位的“旅途”中……

把一个零件“变成”一个“数据单元”，关键在于智能传感器。传感器是用来检测环境中各种物理参数的，比如温度、湿度、力度、光照强度、音量等。说白了，就是模拟人的感觉器官，让生产工件也能有感觉，能够感知生产环境的变化。传感器越多，工件的感受能力越强，就越能够变成一个更精密的“数据单元”。

以前传感器很贵，所以用得少，但是现在传感器的成本越来越低，而且尺寸也越来越小。我们可以像“撒胡椒面”一样尽可能地在生产线上布满传感器，甚至我们会非常自然地想在每个生产设备和被加工的物品上都尽可能地配上传感器。

传感器越多的生产线就越聪明，因为生产环境的每个细微变化都被尽收眼底，从而变得“可控”。如果一杯可乐在车间最末端突然洒了，或者瓶子变形了，工人就能马上知道是拧瓶盖环节没拧紧，还是玻璃融化塑形阶段温度不够，或者是灌装可乐的时候每杯的定量出现了偏差。

信息从传感器产生，通过工业互联网被收集，然后在工业系统中被加工、分析，最后再通过工业互联网对生产设备进行控制，甚至指导生产设备之间通过网络通信密切地配合协作。互联网连接了设备，连接了人，连接了生产物料，整个生产制造过程因此变得非常聪明！

智能制造是工业数字化场景中的热门概念，在一些高级的智能化工厂中，工人只需要一个平板电脑就可以管理操控整个车间的生产运营。

第二节 大数据：数据再多也不怕，质量始终在线

前面聊到互联网技术可以帮助我们创造出数量巨大又丰富的数据，我们可以采用这些数据开展“数字化”业务。那么接下来，如何从这些数据中提炼出有价值的业务知识就成了一个需要解决的问题。

人们解读数据并从中提炼有用知识的技术叫作数据分析，数据分析指导人们生活实践的历史非常悠久。

在传统的数据分析活动中，数据的规模并不大，可以依靠人力简单计算来总结经验。然而，在当今信息爆炸的时代，数据的充足性大多可以保障，此时

对海量数据的分析能力就显得格外重要了。试想，互联网每天有那么多数据被制造出来，就是全地球的人不吃不喝“光数数”，也分析不了那么多内容，于是就得依靠计算机自动地进行数据计算，让机器帮助我们进行数据的分析，这里就引出了本节的主角——大数据技术。

大数据技术所擅长的，就是从大量的数据中以非常高的效率挖掘出有用的业务知识。那么，大数据技术产生的背景是什么？它又是如何实现高性能的信息处理的呢？

规模的困境：效率决定一切

如果说互联网解决了数据的“开采”问题，则大数据解决了数据的“加工”问题。为了从数据中获得价值，我们不仅需要数据，还得有处理数据的能力。在数字化时代，数据很多，但是从数据中提炼有价值的知识却十分困难。一方面需要设计“精巧”的数据分析方法，另一方面也要有强大的执行这些数据分析方法的技术手段。而计算机就是技术手段的重要“物理载体”。

我们都知道，计算机的计算速度与人相比是快很多的，比如我们想用一张 Excel 表格统计出公司的利润率，基本上都是一秒钟出结果。既然计算机这么厉害，我们是不是就不必担心数据量太大而处理不了的情况了？显然，事情并没有这么简单。

尽管平时我们用计算机代替人做一些脑力工作的时候，计算机的运算能力和记忆力看起来已经很强大了，但其实和现在大多数的自动化或智能化业务所需要的数据规模相比，这个能力还远远不够。

家用计算机一般处理几十条或几百条数据也就到头了，而当数据规模真的很大的时候，如大到万级、百万级，甚至亿级，那么计算机可能比人还“傻”还“慢”。人算不出来的时候，至少还会估计个大概结果，但是计算机如果在某个“公式”处算不动了，就只会“卡”在那里，什么也做不了，甚至一着急单击“强制退出”按钮，就会把之前好不容易算好的数据结果也给“冲”掉了。这种糟心经历，相信很多人在尝试用Excel计算规模比较大的数据时都曾遇到过。

如今很多企业都有自己的业务信息系统，通过互联网，这些业务信息系统可以非常轻易地收集动辄“千万级别”的数据。例如每年的“双11”期间，任何一个电商平台的用户量都很可观。在这么大的客流中，考虑到每个人又积攒了几个月甚至一整年的购物清单，需要被计算的数据规模着实惊人！我们创造数据的速度有多快，我们分析这些数据的能力就需要有多强。

在数字化场景下，对大规模数据的处理是十分常见的。然而，在对大规模数据进行计算的时候，光用Excel这种基础软件是不行的，数据也不是存在电子表格里的，而是存在“数据库”中的。软件工程师需要自己开发代码来“运算”这些数据，在这个过程中，需要定制一些复杂的算法来探索数据中“隐含”的关键业务知识。

代码编写情况会极大地影响数据分析的效率。如果代码设计得比较优雅，从数据中挖掘知识的效率就会更高。反之，如果代码设计得非常笨拙，代码“跑”一遍的效率就会非常低，分析人员从数据中找规律的速度也就比较慢。

在实践中，通过数据分析找规律是非常耗费时间的。这是一个需要“耐心”探索的任务，数据分析人员需要根据每次“跑”代码的结果，不断地调整数据分析策略，进行非常多次的迭代尝试，最终才能获得比较“可靠”的业务知识，也就是应用效果好的技术模型。

比方说，影响用户购买某件产品的因素有10个，包括性别、年龄、地址、喜好、上次购买时间、是否为老用户、用户是否使用优惠券等，但是我们不知道究竟是哪几个因素发挥了作用。因此，我们需要采用组合因素验证的方法来分别进行计算。

在最复杂的情况下，我们可能需要做将近1000次实验才能得到比较好的统计分析结果。如果一次实验需要计算3天，那么我们需要用将近10年才能得到有价值的业务规律，真等到那个时候，估计连公司都没有了，更不要说业务了。

时间，永远是数字化转型中非常重要的关键变量。如果需要等待的时间太久，则即使在理论上技术方案有可行性，但在实用化落地上也是行不通的！

也就是说，如果机器对数据的分析处理速度非常慢，那么分析人员就不能在有意义的时间范围内得到有用的知识。如果要耗费极大的时间代价才能发现一些微不足道的规律，那么这种模式是没有办法“敏捷”地支持业务创新工作的。

于是，为了很好地解决上面提及的问题，在大规模数据场景下，计算机在算数的时候依然能够“表现优秀”的技术能力，就成为数字化转型中十分重要的技术主题。工程师们发明了一系列的技术方案来解决这方面的问题，我们给其起了个统一的名字，就叫作大数据技术。

分布式策略：一起干活力量大

顾名思义，大数据就是面向大规模数据进行计算处理的应用技术，大数据技术的概念在过去十几年间的热度几乎没有下降。而最近，随着“公有云”“数据中台”等新潮词汇的大力宣传推广，大数据几乎成了大中型企业进行数字化转型的技术标配。

那么，大数据技术，是如何实现高效率的呢？这里面的基本原理又是什么？

计算机在分析处理数据的时候，由于硬件设备的中央处理器（CPU）和内存的容量是非常有限的，所以数据通常是一点一点地进行计算的。毕竟，饭要一口一口地吃才行。而当数据量大了，饭也就吃不完了！高配计算机可以一口气多吃点，而普通计算机本来就“笨”，再随着设备老化，“吃饭”的速度就会越来越慢。

于是，我们可以非常直接地想到使用高品质计算机来解决大数据计算的问题。然而在面对互联网场景下产生的如此惊人数量的数据时，这种高品质计算机需要达到超级计算机的性能才行。这里所说的超级计算机其实就是算力超级强大的单体计算机主机，比如我国非常有名的“神威·太湖之光”和“天河二号”。那么问题来了，数字化这件事每个企业都得面对，各位老板们也要买超级计算机吗？

一台“天河二号”的造价是25亿元，每天光耗电费用就超过60万元。所以，看着研究成果还可以，但可能大部分企业真付不起这个钱！

那怎么办呢？既然买一台这么高精尖的计算机来处理大数据是不现实的，倒不如找多台普通的计算机一起干活比较靠谱。一个人胃口小一些没关系，大家一人一口总能吃完！多台普通计算机的成本肯定会比单台高性能计算机的成本低很多，这种技术策略使得处理海量数据成为一般企业“消费得起”的技术项目。

多台普通计算机代替一台“超级计算机”的方案，技术圈也有个比较专业的名字，叫作“分布式架构”。这些计算机在一起工作的时候，需要互相连成网络，实现信息的即时通信，从而达到工作任务的配合。看到了吧，互联网技术再次发挥了作用，只要有网络，就有了连接，就有了提供信息的渠道。

一个重要的事实再次印证了，无论是人还是机器，只要被连接在一起，就会产生更多的创意并提高效率！

“分布式架构”在现实场景中，具体是怎么解决大数据的“疑难杂症”的呢？

例如，分析某个区域一天之内发生的1亿笔在线支付交易记录，并使用某个计算机算法来自动找到其中所有的可能诈骗交易。在使用单台普通计算机计算的时候，处理这么多数据需要花费1个月，要是用超级计算机来计算，那么只要2分钟就可以。但是超级计算机我买不起，我只有普通计算机，也不想等太久，毕竟领导催得紧，我该怎么办？有同事出了个主意，找300多台计算机一起工作，每台计算机处理30多万条数据，只需要等2小时就好了。

用这种方法，每台计算机在自己的那份数据中把诈骗交易找到，然后汇总到某台计算机上，最后把结果一起输出，任务就完成了！

随着个人PC成本的逐渐降低，Google公司的工程师率先提出了上面这个“分布式架构”的具体实现方法，并提出了其中两个特别重要的技术架构：GFS（分布式的数据存储架构）和 MapReduce（分布式的数据计算架构）。其中，GFS 解决了大规模数据的存储问题，而 MapReduce 解决了大规模数据的计算问题。

关于“分布式”理念的提出和技术实现这里还有一个小插曲：Google 在提出“分布式”技术时只公开了理论上的方法，这个方法后来被一个名为 Doug Cutting 的软件工程师“苦哈哈”地用了 2 年业余时间把代码实现了，并非常“善良地”公开给所有的程序员免费使用，这些“免费”的代码也就是非常知名的 Hadoop 项目。Doug Cutting 成全了自己的“情怀”，坑了 Google，因为盈利点没了！

Hadoop 项目提供了大量可以简单调用的应用程序接口，程序员们在设计并实现软件应用的时候，如果需要使用多台计算机的大数据存储能力或大数据计算能力，就不用自己再重复“造轮子”实现这些基础功能了。Hadoop 让“高大上”的大数据技术走下“神坛”，走进各个软件公司的工作室。大数据因此变成了一种“即插即用”的亲民技术。

企业级架构：从“云”到中台

前面讲了这么多，我们知道“分布式”其实就是多台计算机一起工作的数据处理技术方案。同时，我们可以把多台计算机，以及能够让这些计算机好好配合、协作工作的软件框架，统称为“云”。因此，“分布式计算”也叫作“云计算”，“分布式存储”也叫作“云存储”，“云计算”和“云存储”都是“云”的具体内容。

云=多台计算机+分布式的软件框架

这几年，“云”这个概念实在是太火了。数据上云，算法上云，应用上云，服务也上云，各个企业都争先恐后地采用基于云的技术架构。有了云，就有了能够运用大数据的神秘能力！

那么，企业该如何获得“云”的能力呢？有两种基本方法，一是自己构建“云”，二是租用“云”。

企业自己构建“云”就相当于自己花钱搭建一个机房，买很多台计算机摆上，连上网线，在每台计算机上面都安装并配置好支持大数据应用的软件框架，比如前面提到的Hadoop。

企业租用“云”，就是找一个合格的第三方公司，让这个第三方公司来完成构建“云”的麻烦事儿，并且承包运作具有强大“云”能力的机房。此时，这些需要获得大数据技术能力的企业可以花钱租用这个第三方公司对外提供的“云”服务。如果这个第三方公司把某一固定数量的大数据资源提供给一家企业使用，那么这个“云”就是“私有云”；如果把同一数量的大数据资源开放共享给多家企业使用，各家企业按需付费，那么这个“云”就是“公有云”。

一般自己建“云”的企业都是那些财大气粗的大企业。毕竟，购买一堆普通计算机的成本也不是一个“小数目”。这些企业还有一个特点，就是特别重视数据安全和数据价值，不希望自己的数据被“偷”，或者自己的数据被别人莫名其妙地用了，从而陷入“信息安全”方面的坑里。例如银行机构，基本上都会自己盖园区、造机房。

当然，对于业务不是太敏感的企业，自己“烧钱”建设“云”未免过于奢侈了，所以通常优先考虑“租用云”的解决方案，并且大多租用“公有云”。咱买不起房，还租不起房吗？租房不用花钱买地、不用装修、不用修缮，直接住就行了，省钱又省心。机房有人看着，网络和程序有人维护，用多少计算机的计算和存储资源，就花多少钱，还不浪费！国外主要的“公有云”有亚马逊的AWS和微软的Azure，而国内比较主流的“公有云”既包括名字“响亮霸气”的阿里云、华为云，也有名字十分接地气的网易云和百度云。

由于可以对大数据技术能力进行租用，在涉及和大数据相关的“数字化”业务时，再也没有经济成本方面的门槛，任何中小企业都可以对大数据技术“跃跃欲试”了。

当然，除了“私有云”和“公有云”，企业对大数据技术还有一种更加省力的玩法，就是直接从具备大数据技术能力的第三方公司获取数据分析服务，而不必关心这些服务背后是怎么工作的。能够直接提供数据分析服务的第三方公司也叫作行业 SaaS 厂商。

“云”只提供底层的大数据处理功能，而 SaaS 则是在“云”的基础之上，结合“中台”的业务数据和具体的计算分析引擎，提供的综合数据服务，可以对特定的领域和特定的行业提供企业级的数据支持。

我们都知道阿里巴巴是一家非常厉害的企业，其经营的淘宝平台上有成千上万个小商户在卖东西，阿里巴巴把这些商户的交易信息都收集起来，放在自己建设的“中台”上，又搭建了很多数据分析算法来分析“中台”上的数据。特定的算法加上这些算法处理的数据结果，就形成了有价值的 SaaS 数据服务。这就像一台提前把焦距和色彩都调好了的傻瓜相机一样，拍照的时候需要什么风景效果，直接“获取”就可以了。

不同的数据服务可以用来分析不同的业务知识，给其他中小企业进行业务赋能。例如，有的算法可以预测用户买哪种商品，有的算法可以评估产品的质量，有的算法可以进行商品比价和排序。如果一家企业想进行产品设计、客户管理或营销活动，则可以在自己设计的 App 或小程序中，调用这些数据服务，对正在开展的业务进行数字化升级。

“中台”就像航空母舰似的，它拥有足够多的数据“燃料”，企业如果挂靠在“中台”上，这些“燃料”就会成为企业业务增长的助推剂。

关于“中台”，后面的章节中会详细讨论，毕竟“中台”是在企业数字化过程中扮演的一个非常重要的角色，是衔接从业务到数据，再从数据到业务的重要“枢纽”。

该图是为企业提供云服务的大型数据中心一角，需要专门的工程技术人员来对这些服务器进行日常的监控和维护。将大数据基础能力外包给专业的第三方公司来做，是当前比较流行的做法。

第三节 人工智能：不只替代人，也能超越人

接下来，我们讨论一下人工智能技术。如果说互联网提供了数据渠道，大数据增强了企业对数据的存储能力和处理能力，那么人工智能则提供了“数字化”业务中的具体信息内容。

人工智能技术做到了将企业从信息革命推向智能革命。例如原先的飞鸽传书变成了现在的邮箱，再变成短信，最后变成微信，这个进化过程大大缩短了信息传播的时间。今后我们不再需要打字，只要对着屏幕随便说一句“我饿了，想随便吃点东西，不要太油腻”，下一秒，点餐软件就能够按照日常菜品偏好（鱼香茄子、麻辣香锅等），结合个案需求，自动帮助我们推荐菜品，并替我们完成个人信息的填写等各个订单生成的关键环节。然后，点完餐的我们直接通

过快捷支付方式把钱付了，等着快递小哥准时把饭菜送到公司门口……

通过许许多多类似的方式，人工智能把企业的“数字化”业务推向了更高级的形态，为我们扩展了便捷生活的想象空间。

上面的例子虽然看起来很简单，但这里其实掺杂了很多人工智能技术。例如语音点餐，涉及了语音识别技术；系统自动推送好吃的，用到了知识图谱技术和推荐算法；远程付款时，若使用支付宝的刷脸支付，则又涉及人脸识别技术；最后，在智能动态规划算法的“督促”下，快递小哥似乎总能有惊无险地准时送餐到手。

■ 对人力的替代，从感觉到思维

那么，人工智能到底是什么呢？我们现在的生活已经和人工智能联系的越来越紧密了，任何“方便”的背后，几乎都有人工智能。

人工智能技术起源于计算机学科，是一个实打实的交叉学科。这个学科研究的内容范畴非常广，包括数学、心理学、信息学、动力学、管理学、哲学等，很多人都试着给人工智能下定义，但这的确是非常困难的。不同专业领域的专家看待人工智能的角度不同，往往也会给出不一样的解释，比如数学家可能会觉得人工智能是一堆公式和算法，心理学家可能会觉得人工智能拥有人一样的思维和想象力，而信息学家或许又会觉得人工智能仅仅是一堆复杂信号的组合……

人工智能可以被认为是一种“企图了解人类智慧的本质，通过在数据上构造并应用算法和模型，获取有价值的业务信息，代替并超越人对数据的分析能力和决策应用能力的技术”。

人工智能存在的目的就是代替人做事情，由于人是有不同方面的生理功能的，并且在不同数字化业务中，也会用到人不同的功能特征。于是，在分析代替的是人的哪方面能力后，就可以对人工智能进行分类了。

我们可以把人工智能分为感知智能、认知智能、语言智能和行为智能等几个方面。

感知智能包括图像识别、语音识别、信号识别等技术，类似于人类的感觉器官，如眼睛、耳朵、皮肤什么的。感知智能技术能够对各种类型的信号数据进行信息的提取和识别，并进行规范的信息表达。

例如，在我们使用微信语音聊天时，有时候不方便接听，这时就会用到微信语音转文字的功能，这背后就是非常典型的语音识别技术。还有一些地方会用到图像识别技术，比如 OCR，这是一种可以通过扫描打印出来的文字，直接读取到文字背后的数据的技术，可以用于对名片、发票、证件、表格、车牌等不同任务对象的文字进行自动识别，提高这些业务场景的办公自动化水平。

认知智能技术包括概率预测、判别分析、规则学习等方面的内容，有些类似人的大脑功能，可以自主地思考业务问题。认知智能技术能够对所提取的知识进行进一步的推理、分析，形成有启发价值的业务观点，支撑更加高级的业务应用。

其中，概率预测模型，是一种具有逻辑解释能力的，能够反映事件发生概率特点的数学模型。例如，通过金融方面的业务知识，我们可以构建一个预测某个消费者是否购买理财产品的概率预测模型，只要给软件系统输入消费者的性别、收入、年龄、职业等基本信息，软件系统就会通过这个模型告诉我们消费者购买理财产品的概率。假如预测概率为 80%，我们或许可以试着在该消费者身上花些时间。

很明显，认知智能技术是在感知智能技术的基础之上的，这类技术涉及具体业务逻辑的深入分析。例如，通过感知智能里的语音识别技术，先分析某个小哥的语音搜索记录，获得“旅游产品”的相关内容，然后通过认知智能技术的某个概率预测模型，估计他可能需要买个帐篷，自动推送帐篷的购买链接给他。

认知智能技术在人工智能这个领域里，是高级、有挑战性的一类技术。通过认知智能技术人们可以主动地挖掘业务场景中的关键知识，对业务流程进行优化，改善业务服务体验。

数字化最核心的价值体现在数据对业务改进的支撑上，这意味着在人工智能领域，认知智能对数字化的意义是重大的。但是十分尴尬的是，现在的研究和应用大多停留在感知智能层面，无论是研究人员还是企业管理人员，对认知层面的人工智能的理解还非常有限。

毕竟，对于人类来说，五官齐全很容易，但是大脑灵光就很难。对于机器的认知能力来说也是这个道理。当前，机器的认知水平和人类智力的发展情况相比，才到刚刚学会开口说话的水平。

在一些典型的场景中，我们确实已经从数据中发现了很多重要的业务知识，并且可以指导一些业务环节的智能化和自动化，比如预测能够赚钱的金融产品，挖掘有潜力的网络传播者，对患者的健康情况进行合理诊断，推荐网上用户感兴趣的话题和内容等。但在更多的市场应用领域，大家还是比较“迷茫”的，不知道数据到底能够启发什么。

不过没关系，挑战与机会总是并存的，未来对数据进行深入的挖掘、分析与推理，都是数字化在技术方面应该关注和突破的方向！

语言智能，其实就是提供类似于人类阅读书写的自动化能力，其包括了自然语言理解、机器翻译、人机对话等技术，极大地支撑了信息的深入交互和沟通。

行为智能，类似于人类的手和脚的运动行为能力，包括了强化学习、自动控制、无人驾驶等技术，主要用于解决如何利用信息对应用设备进行控制的问题，从而模拟人的生产操作活动。

我们可以看到，人工智能在替代人的方面，从感觉到思考，都尽量要做到像人一样，最终实现代替人提供“优质”商业服务的效果。

更聪明的算法，更精准的服务

在信息时代，我们最不缺的就是数据，我们要做的就是用这些数据把机器教会，让机器变得越来越聪明，做人可以做的事情。

智能的背后是算法，同样的数据，采用不同的智能化分析手段，可以得到不同的结论：好的算法就有好的结果，坏的算法就只会产生误导！也可以说，“算法”就是数据的灵魂。对人工智能的研究就是对数据分析算法的研究。

例如，我们有很多用户的在线交易数据，这些数据包括用户的购买时间、购买产品、产品价格、用户年龄、用户购买渠道等方面的信息。这样的数据一共有几万条，我们接下来打算用人工智能算法帮我们找到有价值的业务知识。

好的算法可能得到这样的业务知识，“年龄在 30～40 岁的男士，通常在晚上 11~12 点用手机购买某品牌的衬衫和领带”；而坏的算法则可能会得到，“30～40 岁的男士，比 90 岁以上的老年男士通过网络购买的产品更多”。

比较结果是不是一目了然？坏的算法简直分析了个“莫名其妙”。

这里其实是想说，只有能指导业务增长的算法才是有价值的算法。有了智能化的算法技术，数据才能真正发挥它的价值！

如果依靠具有人工智能的机器代替人做一些基础的脑力活动，比如检查文章的错别字、识别图片等，那么人工智能主要在“自动化”这方面发挥业务价值；同时，机器也可以做一些更加“高级”的智力工作，比如市场分析、解决方案的生成，那么人工智能则发挥了更多“智能化”方面的优势，这就相当于让机器做人的决策工作。

从技术上看，机器对人的决策行为的模仿和替代是非常困难的一件事。人的决策行为涉及非常多的复杂因素，背后也受人的感性方面和理性方面各种生理机制的综合影响。关于机器在决策方面是否“完胜”人，当前还是有很多争论的，但无论如何，机器做决策这件事，已经深入越来越多的领域，也在某些业务场景下开始“崭露头角”。

就拿基金投资业务来说，人工智能可以像人一样思考如何从大量的基金池中快速找到业绩最好的基金。利用算法提供的数据挖掘能力，结合综合量化指标，算法可以挖掘出那些数据好看的基金，并且能够结合客户当下的经济情况和风险偏好，在众多相似的产品中给投资人推荐最合适的金融产品。

再有就是在医疗服务行业场景中的应用，在传统的模式下，需要专业医师亲自查看患者的化验报告，并结合自身几十年的医疗经验，对患者的病情进行判断。碰到复杂的病情，还需要多方讨论，收集意见，才能形成最终的治疗方案。而在数字化模式下，采用人工智能技术，可以构建一个支持“自动诊断”的医疗软件，大大提升医师的服务效率，提升医疗诊断的可靠性。

具体来看，可以基于深度学习模型的图像识别技术，自动对医疗影像进行分类，对患者感到不适的身体部位打上业务标签，比如“不清晰”“有异物”“有炎症”等。再结合其他检查诊断数据，比如血液指标、呼吸道指标，通过概率图模型或规则演绎模型，进行机器动态推理，形成对患者健康状况的综合判断。同时，系统可以自动从电子病例库中调取相似病例，分析病例之间的相关性和差异性，快速生成靠谱的治疗方案。

我们可以看到，人工智能技术在产业端的应用比在消费领域的应用更加有前景，毕竟从单纯的自动化到更高级的智能化，才是人工智能未来发展的必然趋势。

在传统模式下，上面这些应用大多依赖业务专家丰富的行业经验，以及他们对复杂业务问题的综合分析能力和精准决策能力，而这无疑增加了企业的运营成本和管理成本，同时也对很多行业的进一步发展形成了知识方面的巨大阻力。因此，很多产业应用背后都迫切需要智能化的解决方案。

人总是有生理方面的局限性的，这里包括知识存储和知识计算方面的限制。任何一个人能够掌握的知识都无法覆盖到整个行业，也无法在 24 小时都精力饱满地“大功率”持续输出智慧。然而机器永远不会疲倦，人工智能让领域专家可以复制，也可以把多个“各有所长”的专家整合成一个“全能”的大专家来解决更加复杂的问题。

不同业务、不同场景，背后都有其固有的业务规律，让机器主动地掌握这些规律，充分应用这些规律，就可以快速打造出各个领域的顶尖行业专家，为相关业务不断地提供优质的智能服务。

■ 智能终端设备，一切皆可自动

根据前面的讨论，我们可以很清楚地认为，人工智能技术实际上就是在模拟人的大脑的行为。在很多业务场景下，光有人的智力行为还不够，要想对现实世界产生影响，还需要给机器添上“手和脚”，也就是“机器人”的概念。现实中，很多生活中的物体只要加上了人工智能的大脑，就会产生智力，变成智能终端，从而能够在没有人操作的情况下，具备独立工作的能力。

在人工智能以终端设备为载体对业务进行升级改造的场景中，无人驾驶可以说是近两年最热门的应用之一了。

无人驾驶的原理其实很简单，就是在汽车上配置很多传感器，就像眼睛一样，能够实时地获取路况信息，识别障碍物、信号灯等，将这些信息以信号的形式传回，并通过智能控制系统，来分析决定在获取到什么路况信息时该做什么动作：是转弯还是直行；是加速还是减速；是刹车还是倒车。智能控制系统背后就依赖人工智能算法持续地学习并更新其在驾驶方面的技巧知识。

驾驶知识以前只被人掌握，而机器像人一样，通过不停地行驶，不停地学习，也可能获取丰富的驾驶经验。传统的人工驾驶场景一直存在着很多弊端，人会疲劳、犯错，会有“路怒”的冲动，也会怀着侥幸的心理酒后驾驶，这就使得马路成为世界上最危险的地方之一。无人驾驶的出现不仅解决了技术问题和商业问题，还解决了社会问题！

此外，智能家居也是非常典型的应用场景。

其中，智能煮饭机器人通过 AI 技术识别米质的细微差别，根据米的类型去分配最佳“米水比”和设置烹饪曲线，实现米饭、粥、稀饭等不同美食的全自动烹饪，甚至可以学习煮出“一锅两吃”的硬米和软米。

人工智能洗衣机通过 AI 摄像头自动判定衣物体积、衣型、护色标识，针对不同衣服的吸水情况，自动匹配用水量和洗涤剂，并以不同洗涤力度、不同水温，自主选取合适的洗衣方式进行工作。

智能扫地机器人可以实时地感觉到所处的空间位置，自动发现脏东西，然后根据脏东西的大小、类型和软硬材质，“聪明地”挑选合适的设备进行定点定时清扫。

其他智能家居的例子还包括智能电灯、智能门锁、智能水龙头，这些家电可以很好地消除“健忘症”们的烦恼。如果家里没人，电灯、水龙头就会自动关闭，门也会自己关上锁好，很好地保证了人们居住环境的安全。

这些智能设备背后的工作原理，就是通过智能传感器，实时地感受家电设备的工作状态和工作环境，获得相应的数据，并通过智能芯片自动对这些数据进行技术参数分析，从而确定户主的活动场景。之后，这些智能家电终端通过预设的规则执行相应的操作，给户主提供“恰到好处”的日常起居服务。

类似的通过智能终端提供服务的人工智能应用，还有智能售货机、智能快递车、智能导游机器人、智能客服机器人、智能电视、智能家庭管家等。智能机器人不一定长成人的样子，只要能通过智能算法自主行为，代替人完成某一项特定工作，就是人工智能在机器人方面的很好的应用。

除了面向生活服务场景，智能终端最重要的应用场景之一就在工业制造业方面，也就是智能生产线设备。工厂是对机器人需求最大的地方，很多脏活、累活、精细活、危险活，都得有人干，如果设备的“智力”水平跟上了，也就把人给解放出来了。

智能设备在数字经济时代“大展宏图”的背后，既依赖于强大的算法，也依赖于底层的关键基础 AI 服务能力。

一方面是智能芯片技术。由于要把人工智能算法植入机器人中，所以需要针对不同的机器人产品，设计并制造各种不同类型的芯片。芯片是算法的硬件载体，好的芯片不仅要形态轻便，容易安装，还得具备强大的数据存储性能和数据计算性能。对于某些机器人，还有耐热、防水、防震的客观要求，那么这些特性也要在设计芯片时考虑进去。

另一方面是网络通信技术。5G 技术的发展极大地推动了很多应用设备的数字化升级进程。正如前面提到的，不管是无人汽车，还是智能家居，在自主执行任务的时候，都需要实时敏捷地获得工作环境的数据，只有对环境进行感知和计算分析，这些设备才能更好地工作。

有时候，这些智能设备可能会用到设备外部的数据和计算能力，因此数据的计算不一定是在设备上进行的，可能需要把数据传输到远程的计算机设备上进行分析计算。在计算完毕后，再把数据分析的结果传回来，指导设备的下一步操作。这里提到的外部数据和计算能力，也就是所谓的远程“云”服务资源。

此外，设备之间也可能会涉及数据的通信。例如家庭智能管家，你跟它说“我要看电视”，它就得通过网络把开电视这个指令发送给电视机，来指挥电视机打开并切换到你想要的频道。无人汽车之间也会通信，毕竟，其他汽车的行驶情况也是驾驶环境的一部分重要信息。

基于 5G 的通信技术可以做到低时延、低能耗，经济效果显著，5G 的发展极大地推动了人工智能在智能设备方面的落地应用。我国在 5G 方面的研发近几年取得了非常大的进步，因此基于智能设备的数字化应用实践，也发展得非常快。很多原先日常平淡无奇的物件，都被智能算法“武装”起来了，人们的日常生活方式也因此变得更加轻松愉悦。

说到家庭智能管家和智能设备，是不是很多人都可以想到一个近 5 年来刷爆家居市场的亲民国产品牌——小米。小米基于国家在人工智能场景及智能设备方向的推动，以及自身多年来在持续研发、产品选择、市场推广方面积累的丰富经验，目前在C端硬件产品布局上已经覆盖了包括手机、可穿戴设备、家居、运动辅助产品等在内的上百种产品，服务于累计数量超过3亿的用户。

小米基于自身雄厚的资金和研发能力，无论从品控还是市场上，都俘获了广大年轻用户的心。在如今数字化转型的大好环境下，小米并不满足于仅从产品角度服务于C端用户，而开始开发自己基于多年研发经验创出来的一条智能生态道路，希望以场景化思维赋能产业端的解决方案。

这就是小米的AIoT平台，也叫智能生态平台。目前这个业务以“平台+软、硬件+服务”为底层生态设计思路，推出面向企业高效管理和城市数字化需求的“1v1定制终端业务模式”和“5+1智能生态业务模式”。这完全区别于小米以往面对的市场，但小米在这个市场里与长期专注于To B业务的一系列老牌互联网玩家相比毫不逊色。

截至2018年年底，小米投资或孵化的超过100家智能硬件公司所构建的IoT平台已经连接了超过1.32亿台智能设备，涉及的AI语音服务累计被使用50亿次。到2021年二季度，该平台上连接的设备近4亿台，累计米家App月活用户数量超过5000万，当之无愧地成为在全球范围内领先的消费级AIoT平台。

具体来说，从企业维度，小米提出的“1v1定制终端业务模式”，是在深度剖析了企业管理运营上的痛点后，为企业量身定制的服务终端产品。通过定向服务，企业可以更好地对其信息安全、数据分析、数字资产安全等方面进行把控与跟踪。同时，小米的定制化业务还为6个不同行业的企业，针对各个运营板块提供针对性的管理软件工具，比如帮助一家金融企业管理人员绩效考核，为政府政务人员提供新媒体运营平台，为制造业企业管理软件服务，等等。

在这里，小米的软、硬件结合的研发及资产优势就凸显出来了。小米在提供这些系统定制服务的同时，会为定制终端配上小米手机、小米平板电脑、小米电视等相应的配套硬件设备，从软、硬件到后续跟踪服务，为客户提供一条龙的定制服务。

在智慧城市维度，小米深耕住宅、酒店、养老、公寓、办公五大行业，几乎覆盖了一个数字化城市的全方位场景。例如在酒店方面，小米与华住旗下多家酒店合作，为酒店提供小米 AI 的智能管理方案。跟智能家居相似，用小米的全套智能产品为住客提供智能电视、智能配送、智能冰箱、智能窗帘、智能音响等一系列优质服务，实现了真正的“全品类+多场景+全覆盖”的用户服务！

2021 年年初，小米的企业服务布局就已经遍布包括北上广深一线城市在内的 10 余个城市，企业服务内容已经覆盖超过 15 个行业，服务企业超过 5000 家。我们可以通过已落成的小米智能生活体验馆感受未来全新的数字世界是什么样子的！

该图是在城市中进行驾驶实验的无人汽车。无人汽车对安全性的要求非常高，需要用大量的实验数据和仿真数据来不断“校对”加载在汽车中的行驶模型参数。

第二章

转型之蓝图：从业务出发，以终为始

现在我们已经非常清楚，在当今信息时代下，有这么多前沿的科技成果能够给我们企业的数字化转型带来“助力”。看来我们此刻可以大开“脑洞”做一些有意思的事情了！花钱，买设备，铺网线，搭数据库，成立数据部门，高薪聘请数据专家……

慢着！切莫太激动了，是不是应该先想想怎么做？先搞清楚状况再开始，数字化可不是请客吃饭这么简单。

很多企业都知道数字化很重要，迫不及待地想把数字化这件事“风风火火”地做起来。但是要知道，企业进行数字化转型的风险其实是很大的，企业的核心管理者，特别是决定企业重大战略决策问题的牵头领导，尤其要保持头脑清醒，可别被科技浪潮下的大概念给忽悠得不理智了。

决定数字化成败的核心在于对业务的理解，以及在此基础之上的顶层设计和系统规划。在这个过程中，管理者和决策者就得明白到底为什么要开始数字化。要琢磨清楚，启动了数字化项目，企业将会面对什么样的改变。

关于数字化的一切都不是单纯的技术问题。或许，这里面涉及大量的技术概念、技术应用、技术成果，但是数字化毕竟是关于业务的，甚至是关于企业战略的。数字化项目的提出要以解决真实的业务需求为目标，应当能够让企业在开展数字化项目之后生意越来越红火，业务规模越来越大，直白地讲，就是能看到好处。

我们讨论数字化，实施数字化，其核心就是绞尽脑汁地用技术把我们的业务做得更好，把企业做大做强，这样才是实实在在做事的心态。单纯玩技术，造系统，秀肌肉，无非是做做样子，自娱自乐罢了。盲目的上技术项目，甚至在根本没明白这些技术有什么用的情况下就开始，是非常不理智的。

凡事都要“先谋而后动”，更何况这种“变革”的大事。

在数字化转型具体实施之前，我们要先做好前期的规划工作，把业务需求弄明白，考虑清楚到底为什么要进行数字化，通过数字化要达到什么样的目标，以及在总体执行层面要沿着什么路线来开展。

在数字化转型中，要实事求是，每个企业的情况都是不一样的，因为企业的行业、规模、市场竞争格局都是不一样的，转型不是生搬硬套的事情。在实践中，大企业和小企业的数字化转型思路不一样，传统企业和创新企业的数字化转型思路也不一样。

接下来我们就围绕公司业务需求本身，聊聊在开展数字化转型的前期阶段，到底应该怎么进行顶层设计，以及应该注意哪些可能会遇到的问题。

第一节 转型不是模仿秀，一切要业务驱动

在进行数字化转型的时候，首先是要确立转型的目标，确定企业数字化转型的路径和发展方向。尽管对于大多数企业来说，未来数字化转型都是“必修课”，但是在当前阶段，每个企业都面临着各自不同的发展问题，是否下决心进行数字化转型，以及在什么条件和什么时机下进行数字化转型，都应该由企业的领导考虑清楚，计划明白。数字化转型不是人云亦云，也不是别人有我也要有的“赶时髦”。

企业不应该为了数字化转型而数字化转型，要明白数字化转型这件事真正会给企业带来什么，最后要达到什么目的。只有这样，在转型的过程中才不会“跑偏”，我们才能真正“触及”转型的意义。

■ 需求是第一位的，打蛇打七寸

数字化的起点是业务需求，有需求才有改变的动力。那么这个需求是谁提出来的呢？有人说，是领导提出来的。但是领导的需求不是需求，那只是要求！

需求应该是由用户提出来的，也就是服务或产品面向的最终用户，换句话说，需求应该是由最后“掏钱买单”的人提出来的。

用户会说他要什么吗？通常情况下不会，多数用户比较低调。当碰到了问题时，用户大多会含含糊糊地抱怨，不会告诉你应该怎样解决问题，而且大多数情况下，用户什么也不说，只是轻轻走开，“不带走一片云彩”。

因此，数字化难就难在不知道用户需要什么，也就是“迈出脚”的第一步最难，这需要仔细思考和调研，也就是做深入的用户需求分析。用户需求分析对于任何企业来说都是件十分头疼的事，所以我们会看到产品经理们每天变着法地折腾，琢磨着怎么把用户脑子里的想法“撬”出来。

有了需求，就有了机会，然后才能进行数字化。如果一切安好，就不需要变化。有人说：“不对啊，我的企业做的业务都非常好，产品也受欢迎，市场利润都还不错，为什么还要改变呢？”

这个说法没问题，但是经营企业这件事，没有最好只有更好！或许现在你们公司的业务在某个垂直领域已经做到了No.1，但是阻止不了别的企业不断成长进步。如果有一天别的企业提供了更好的服务和产品，同样也会把宝贵的用户流量带走，让你们公司随时失去领先的市场地位！要记住，“真正的竞争者可能在你根本看不到的地方”。

所以说，企业的经营者要比用户更了解用户，对市场的判断要有前瞻性，对业务的理解要更专业、更深入。也正是因为这样的原因，组织数字化项目的核心人员，一定得是一个非常非常懂业务的人，这样才能保证整个团队做事“靠谱”。

需求不应该是被发现的，而应该是被创造的！需求应该是厘清了业务本身的逻辑和现状之后被设计出来的，这可能是先挖坑再填坑的过程。不一样的地方在于，填完坑之后路比之前更好走！

例如，你可能发现在公园门口排队买票这件事儿特别的麻烦，排队过程枯燥无聊，影响游园心情，而且疫情防控期间聚集扎堆特别不安全。于是，你在公园自营的微信公众号入口处添加了在线预约买票功能。游客在去公园游览之前只要在网上简单输入一下个人身份证信息，选好入园时间，在自动跳转到的支付页面付款，就可以直接刷身份证入园了。这件事对公园、游客来说，都非常方便。游客一天能多玩两个项目，公园管理部门也能有余力安排两个员工售卖“网红冰棍”哄小朋友了。

但是在整个过程中，应该没有哪个游客主动要求这么做。如果没有特殊说明，大家就一定会“机械式”地直奔售票处排队，低头玩手机等待。在某个现实的业务被数字化之后，除在业务环节中多了“信息系统”（比如微信的购票公众号）这个要素外，原本的业务流程也会发生很大变化，因为整个底层的业务逻辑变了。现实中“矛盾”的是，用户实际上是不会超出原有的业务逻辑提出需求的，因为他们已经习惯了“老”模式，改变“游戏规则”那是商家需要认真考虑的事。

业务需求明确了，我们就可以回答“数字化项目最后应该实现什么目标”“数字化过程执行后会产生什么影响”“转型最后会发挥什么市场作用”这些关键问题了。这个需求能够指引着实施数字化项目的团队不走弯路，相当于有个“监督”的标尺来衡量大家是否已经做好了该做的。

“不忘初心”很重要。明确需求，并且决定数字化项目执行的负责人，脑子里要一直记着这个需求并朝着这个需求做，才能“方得始终”。业务需求的指定是目标层的事，方向大于努力！

有了业务需求之后，才是产品需求，这一层面的需求更多关注的是执行层的任务。例如，我可能想采取一个方式让用户在线预约入园，那么产品需求就需要回答下面这些问题。

入园预约系统是放在微信服务号里还是放在小程序里？如果确定了放在服务号里，那么服务号应该进行什么改造？是在服务号里面设置一个快速购票的链接，还是在“入园服务”栏里添加一个预约购票的按钮？预约购票需要让用户填写哪些信息？用户的个人信息会自动填写吗？购票时要不要发送验证码验证？系统支持购买多个人的门票吗？等等。

从业务需求到产品需求的转型环节，技术人员逐渐开始参与。基于产品需求，技术人员会根据开发经验、成本、设计理念、产品理念来对数字化项目中的系统开发工作内容进行综合评估，并进行技术系统的具体设计。

同时我们可以看到，数字化项目可不仅仅是开发一个系统这么简单，系统只是一个载体，所有的一切都要围绕业务开展。业务变了，任何事都会跟着变。

在实施了某个业务的数字化之后，用户会感觉不一样，而实际上，公司内部的员工会感受到更多的变化。数字化转型通常会“牵一发而动全身”，动作稍微大一些的数字化变革，都会对公司里不同职能、不同层级、不同环节的人和部门产生巨大的影响。

业务规则本身可能需要重新设计，组织架构可能也会调整，公司内部的配套资源可能会有新的侧重，业务人员的考核方式可能会有变化，或许有些人、有些部门的人力组织构成也要变一变。很多传统企业几十年如一日死气沉沉，一个数字化项目下来，也许就全“焕然一新”。这也给很多新生代的职场新人带来更多发挥自己特长并担当重任的机会。

开展数字化项目切记“不要跟风”。不要因为别的企业推数字化项目自己也盲目开始，在做事情之前，要明确目标，数字化不是面子工程。

数字化是要花钱的，一般的中型企业如果要进行彻底的数字化转型，则投入一两千万都是少的。更何况，这里面所有因为数字化导致的业务变化，意味着抛弃了原有的可能已经比较顺手的业务模式，那么公司就要面对非常大的不确定性风险。数字化有好处，但是远离舒适区，就必须承担风险！

特别地，对于影响比较大的数字化转型工作，需要将其当成公司的发展战略问题来对待，而一旦升级到战略层面，就不是小事了。任何做这个执行决定的负责人都得做到足够谨慎和理智，保持一个科学对待的做事态度。

价值增加才是金标准

前面提到，业务需求决定数字化的目标。做事情时，应该将目标放在第一位，目标是项目开展的收敛条件，并决定如何评估项目的开展效果及项目的执行方向。

目标这个概念很大也很虚，具体来看就是要考虑数字化是否实现了价值的增加！这点要牢记。只有带来价值的工作才是有意义的，而这里所说的价值，要么是降低了企业的运营成本，要么是提高了总体的收益水平，也就是人们经常说的“降本增效”。

有些企业花了几千万建设云平台，并且布置机房专门码放硬盘，甚至还会配上“大数据综合业务监控大屏”。年底总结的时候，企业负责人非常开心，觉得自己的企业终于“衣着体面上档次”了，自信地认为数字化转型很成功。

但实际呢？云平台大多数时候是关闭的，开启时也没人用，没准还会被一些人员钻空子做私事；金光闪闪的硬盘阵列里都是杂乱无章、无人问津的脏数据，没人看得懂，也没人用；监控大屏动画花哨，可以实时监控业务进展，但是展示的是一些大家都知道的数据指标，到最后工作该怎么做还是怎么做，一切照旧。参观人员前脚刚走，展示大厅就“关机锁门”。

大多数数字化项目最后可能会“沦为”讨喜的面子工程，烧钱不赚钱，最后数据部门和技术部门携手来“背锅”。然而，数字化好坏跟它们又有什么关系呢？从来没有听说过数字化项目不成功是因为代码写得不好，更多的时候这件事从“根子上”就做歪了，从头到尾就没有按照“价值增加”的逻辑办事。

价值增加这个标准会引导整个数字化的设计，并且价值增减也是需要综合评判的，这背后是综合复杂的战略问题，数字化的顶层设计者要认真地权衡引入数字化技术后企业内外部利益发生的变化。

数字化项目的价值评估是一个复杂的预测问题，一旦确定了要执行一个数字化的项目，管理者就得有充足的想象力来判断未来将会发生什么，并且考虑清楚在将要面对的一系列不确定场景下，怎么保证对数字化转型项目的投入产出比是正向的。

例如，我准备开展一项“网约车”的数字化业务，那么事先得考虑清楚有了“数字化出行”之后，消费者会不会对这个新的交通出行方式买单，会有多少人接受，这个市场的潜力有多大，能否覆盖推广数字化服务的运营成本，传统的出租车司机的工作会不会受影响，会不会遭受严重的抵制，那些无法适应数字化出行的传统用户怎么办，业务上线有没有舆论压力，用户的出行隐私又怎么保证，人们在渴望便捷的同时是否会接受隐私泄露的风险，等等。

这些问题都需要提前进行认真的分析和判断，然后评估数字化项目是否可靠，要不要开展。

因为有不确定性，就要承担必要的风险。然而现实是，数字化的回报往往是有延迟的。在真正感受到数字化的好处之前，所与人都是“战战兢兢”的，生怕选错了方向，既浪费时间，又浪费感情。

对于很多企业来说，数字化转型意味着二次创业。不进行数字化转型，怕被时代抛弃；进行数字化转型，又担心踩坑。很多企业历经艰辛好不容易“上岸”了，谁又想再掀“风浪”，去折腾呢？

这也是很多数字化项目难以推动的原因，决策者看不清方向，犹犹豫豫。传统业务本来做得挺开心的，为什么非要给自己找麻烦呢？很多数字化项目经常开展到一半发现没成效，就又稀里糊涂地回到老路上去了。有的数字化项目根本就是“换汤不换药”，虽然上个新系统，但做的还是老业务，把数字化降级成信息化来做，或者干脆当成硬件采购项目来做。

有人说中小企业不好开展数字化，大企业开展数字化容易出成果，但其实这里面各有各的瓶颈。对于中小企业来说，问题主要是数据和技术的积累不够，数字产品的技术形态不好设计。而对于大企业来说，主要的压力可能来自业务架构和组织架构的巨大变化，船大了不好调头，大企业的数字化意味着更高的风险！

在很多失败的案例中，大企业“斥巨资”上线了系统，但是这个系统内部员工不爱使用，外面的消费者也不愿意买单，最后数字化项目的牵头人“两头受气”。推动数字化转型的核心人物既要有能力，也要有魄力，当然最重要的是遇到风险和阻力的时候依然能够具有坚定不移的执行力。

用户总是很神奇的，你永远捉摸不透他是否按照套路出牌，有时候数字化业务明明设计得挺好，用户也竖起大拇指，但就是没人掏钱，让人彻底没了脾气。设计数字化业务就得能对复杂的市场变化进行精准判断，尽可能地降低业务变化带来的风险。

在实践中，对于大企业，可以采用分批次推进的策略，这样做在一定程度上可以缓解数字化转型的风险。饭要一口一口吃才不会被噎到！既然大企业的业务复杂，数字化牵连环节多，那就慢慢来呗，先做试点，然后推广之。

先在某个业务团队做，然后到某个事业部或某个子公司试试，最后推广到整个集团公司。在数字化转型过程中，新老业务线会有一段重合，最终的转型需要“软着陆”，不然“撞伤”了就很麻烦！

比如说，华为早在 2016 年就已经开始进行数字化转型了，对于这么大体量的一家老牌技术企业的转型工作来说，就是通过“分步走”的方式来展开的。在具体执行方面，华为以交易流和供应链作为单点业务环节，率先突破，并以此作为试点项目，成功地引起了其他部门的兴趣。

慢慢地，当每个业务部门的主管都想要推动数字化项目的时候，再由变革管理委员出面协调各方面的转型资源，实现整体的转型推动。在示范效应出来后，一旦让人看到了好处，数字化工作也就会自己推动着向前发展。

决策者过于迷信数字化也是比较“危险”的事，这种情况很可能导致高估技术本身的能力，误以为某个数字化项目能解决所有企业问题。有时候，企业发展的痛点根本就不在于缺少“有用”的信息技术，真正的问题可能来自企业资源的组织方式、产品的质量控制、文化、股权架构、资金链、人才结构，以及市场定位等企业管理经营的其他方面。

数字化不能医百病！

很多企业遇到的问题既需要技术上的解决方案，也需要管理上的解决方案，两者是分不开的。技术只是其中的“点”，要把技术的点和管理的点连接起来，交织成面，才能真正“兜住”问题，创造价值。

以价值增加来引导数字化业务的设计，不是为了做技术而做技术，不是以技术的优劣、是否先进、是否复杂及是否有难度来评判一个数字化项目的好坏。这件事甚至与公司在技术上投入的财力也没有太大的关系。

当某公司想增加用户购买产品的黏度时，比较好的方式是在 App 购物界面上加入一些“游戏化”的场景，比如“种树”“消消乐”这样一些可以反馈购物金币的小游戏，好玩又能拉来新用户，开发成本可能还不到一万元。但如果走错了方向，非要花几千万开发 AI 算法集群来进行产品和广告的自动推荐，就完全得不偿失了。

其实，数字化的难点不在于技术，而在于如何用好技术实现价值的显著增加。我们要充分结合数字化基因，进行顶层业务的逻辑规划，也就是找到数据中能够提升价值的那个“点”。能带来实际价值收益的数字化项目才是“高级”的项目，千万别对高级有了误判，平和大气才是真正的高级，技术上的“网红”是不长久的。

找准时机，精准入场

进行数字化转型，时机很重要。把握住了时机，恰逢其时，事半功倍；错过了时机，不仅陷入泥潭，还可能得花费几十倍甚至上百倍的力气来“补课”——

市场不等人。对于一个企业来说，哪些时机因素会影响领导者做出数字化转型的总体决策呢？

一是行业格局发生巨大变化。很多企业通过数字化转型或与生俱来的数字化形态，已经取得了巨大的市场竞争优势。例如，电商平台的崛起，对传统的线下商超或便利店形成了降维打击，让更多的销售发生在线上的交易渠道。这种方式，很可能会“倒逼”传统零售行业企业进行数字化转型，以缩小与携带着强大数字基因的竞争者之间的差距。

二是传统的业务模型已经出现了增长极限。行业内部竞争激烈，企业正在寻求新的利润增长点，并研究如何开发新的业务蓝海。例如，在很多从事服装生产的企业都专注于大众头部需求，靠价格优势或在衣服材质上下功夫来获取品牌竞争力时，基于数字化的解决方案或许给我们提供了新的经营思路：服装企业通过大数据分析网络上的社交流量数据，实时获取当下受年轻人追捧的最流行的元素，将其纳入新的服装款式设计中，增加爆款的概率；服装企业还可以让消费者在基本款服饰上设计自己喜欢的时装元素，将订单管理系统、生产计划系统、生产设备，用互联网全部打通，让服装制造厂商可以轻松地做到“柔性生产”，通过让消费者的个性化需求得到充分满足来获得市场优势。

三是企业的运营活动低效，面临生产力的升级和改造。例如，对于部分地区的患者来说，医疗资源缺乏，医院线下服务有效覆盖的患者群体可能比较少。患者排队问题、挂不到号问题、医患之间信息不对称问题、患者健康管理问题、疑难杂症诊疗问题、事故责任划分问题、远程治疗需求问题、人员与手术室调度问题等，都需要得到有效的解决。目前，很多医院正在寻求增加医院运营线上化、自动化及智能化程度的数字化解决方案。

四是市场上出现了比较成熟的新技术，成为业务升级改造的催化剂。深度学习算法、云计算、5G、AR、VR、自动驾驶，前沿技术层出不穷。不同业务场景与这些技术有机结合，就会衍生出许多新的“花样”。因此，公司产品部门的员工自然是闲不住的，有了新技术，就有机会设计新产品，然后不断地增强自己的竞争力。

把握时机，其实就是说企业的数字化转型工作要在正确的时间开展，该做的时候要果断做，不该做的时候也别盲目做。

有些行业外在的数字化条件当前还不成熟，比如技术成熟度达不到，市场教育程度不高，没有太多可以参考的成功范例，甚至是行业的准则规范还不健全。如果企业还没有了解自身业务的数字化发展基础，贸然入场，“照猫画虎”，则很可能失败。

还有一些企业，虽然已经意识到数字化迫在眉睫，但是可能这些企业的经营漏洞出在业务本身，或者供应链、资金链等环节，那么这些企业首先要考虑的就不是数字化问题，而是要先把原本的业务做好。不管怎么样，企业至少要先做到 60 分，再考虑变优秀的事。

华为，作为一家拥有大型跨国业务的技术企业，在数字化转型方面走在行业前列，并提出了属于自己的数据治理业务标准，成为行业典范。

第二节 永远别忽略人的因素

在确立了转型的目标后，我们就要开始真正考虑如何具体执行转型的工作了，而在这个过程中，人又是其中最关键的因素。转型工作需要具体的人员来执行。我们需要专门组建核心队伍来推动转型事业。我们需要寻找能够出色地完成转型工作的人才。这些人才一方面需要对数字化转型项目达成思想上的共识，保证任务协作顺利畅通；另一方面需要具备必要的职业素养，在具体方案落地实施上发挥出足够的专业能力。

除了以上方面，人的因素还体现在技术的“以人为本”原则上。数字化转型成果最终会以技术产品的形式落地，比如信息系统，而这些系统最终又会服务于具体的用户。信息系统设计研发的出发点不能单纯地就技术而论技术，而是需要真正地解决业务问题，不仅要好用还要实用，也就是遵循所谓的产品化思维方式来设计和构建。

■ 统一思想，心齐才能成事

企业领导者下定决心要进行数字化转型时，通常会做一件非常重要的事情，就是在公司层面进行思想宣传，目的是让大家都知道数字化转型这件事。企业“一把手”作为领头人，不仅要自己懂转型的核心思路，还得让企业里的所有人都明白怎么回事，这样才能把自己的想法转化为企业整体的执行力有效落实下去。

领导要想宣传一件事，通常采用开会的方式，尤其对于大企业来说，这更为常见。大企业里人员众多，管理层级结构复杂，如果没有把思想传达到位，那么后面在转型实践落地的时候就会遇到很多阻力。

公司“一把手”先给管理层开会说明目标，然后管理层给下面的员工开会进行动员，最后达到上下一心。即便是小企业或小团队，也得清晰地把目标通过日常例会、午休聊天、线上会议、公司团建等各种灵活的方式传达到每一个具体的员工身上。

数字化转型和员工的工作内容息息相关，哪怕员工不是转型的核心推动者或建设者，也会是转型中和转型后受到各方面影响的利益相关者。企业里所有员工的思想、工作内容、工作方式，包括绩效考核，或多或少地都会发生变化。因此，企业的数字化转型目标需要所有人都认真地了解和学习。

数字化转型依赖于深刻的认知，虽然领导层可以达到相当的“认知”水平，但是由于企业员工所处的岗位不同，所在部门的利益角度不同，很难做到思想同步。既然很多事情自己想不明白，就需要不停地交流学习，循序渐进地提高认知水平。

在逐级开会传达时，需要注意的是，对于同样的目标，上层和下层沟通时需要学会变通，用能听得懂的语言交流，这就对中层管理者提出了更高的要求。中层管理者不仅要对目标消化、理解到位，还要加入自己的思考，结合所管理团队的具体工作，宣传给大家。

其实在不同管理层级的组织宣传中，当沟通语境发生转化时，对应着任务目标的分解：首先上层管理者把企业级宏观、整体的大目标，细分为具体到某个部门、某个团队可执行的小目标；其次在执行环节，通过各个小目标的实现，一层一层地向上支持大目标的完成；最后使每个员工都能明白自己的工作对整个企业这艘大船的航行所具有的意义。

如果我们的主管领导只同一线普通员工讨论抽象的名词概念，而不考虑员工的理解能力、思维立场、认知水平和交流语境，则会使大家感到云里雾里，摸不着头脑，结果就是大家听个热闹，事情该怎么做还是怎么做。转型最后也就成了空谈，完全没法落地推动。

通过开会宣传的另一个好处在于，能够把数字化转型中可能遇到的问题或引发的冲突都提前抛出来，及时地化解“组织”方面的矛盾，得到大家的一致认同和支持。由于转型可能会给企业带来各种各样的变化，让企业面临很大的不确定性，这就导致企业内部一定会存在很多反对的声音。这些人或许不想适应变化，或许对数字化转型存在误解，或许只是单纯因为和领导的矛盾而不支持，总而言之，心里是存在一些“疙瘩”解不开的。这种情况比“不知道”或“不了解”给转型推动带来的负面影响更大。

在转型之前，企业可以通过开会等类似活动，尽可能地消除误解，把转型积极的一面宣传到位，这些都是很有必要的“动作”。总而言之，这种“宣贯会”的目的不是讨论具体的转型方案，或者决定管理方面和技术方面的实施细节，而是统一大家的思想，让大家能够朝着一个方向使劲。

当然，开会这种方式还是比较正式的，所用时间也比较短。很多员工对数字化转型的概念缺乏最基本的理解，很难在较短的时间里明白数字化的好处并认可其目标和意义。于是，这就要求企业的管理层提供更多有效的学习机会来帮助员工不断成长，比如可以多分享一些数字化方面的案例和分析报告，或者向与数字化转型密切相关的部门提供一些数字化转型方面的书籍和学习资料。另外，企业还可以主动提供一些内外部培训的机会给大家。例如，可以请一些优秀的数字化项目同行专家给本企业员工介绍转型经验，或者花钱聘请一些外部培训咨询师深入一线团队讲课。不管到什么时候，学习都是非常有意义的事情。数字化转型在实践中很难，对于转型中的企业，员工的素养要快速地提升，要能够跟上转型的整体节奏。不宣传不行，宣传了讲不透也不行，不能嫌麻烦。前面思想工作没做好，后面干活的时候，就会有更大的麻烦，功课早晚是要补回来的。

当然，通过宣讲让员工接受数字化转型的理念和目标，只是非常初步的要求。群众基础很重要，改革骨干更是必不可少的。也就是说，除了通过宣传工作让大家齐心协力，更为关键的还是要搭建出真正能让转型执行落地的人才队伍。

谈到由企业内部思想和认知不一致带来的转型问题，就不得不提到蒙牛的例子。在近期的一次对蒙牛集团CDO张决女士的专访中，她提到："数字化转型一定是一个痛苦的过程。思维变了，一切都好变。"开始决定走向数字化转型道路的时候，蒙牛CEO牵头，邀请了各事业部门的一把手参会，共同探讨数字化转型的方针和执行方案。在张决的记忆里，第一次"共创会"的效果并不乐观，各高管的意见不统一，有的甚至觉得转型这件事跟自己毫无关联。这样的工作要怎么推进，对于这样庞大的集团体系来说无疑是一个不小的难题。

但蒙牛的高层并未放弃，一次共创会不成功，就开五次，而且每次一开就是两三天，参会人员也从原先十多个部门的一把手变为上百人的骨干员工。最后，共创会从CEO或几个认同理念的核心高管的独角戏，变成了有外部专家参与的头脑风暴大会。历经了多次的争吵、"说服"，再提出异议的过程，共创会慢慢地宣传了新颖的概念。蒙牛转型的首批领导班子就是这样"把认知拉齐了"。而这些，都只是蒙牛最初阶段的基础工作。

蒙牛在2020年正式开启"数字化转型"之前，仅筹备工作就花了两年的时间。在这两年时间里，信息化团队从原先的100人扩充至240人，还专门组建了IT和DT两个独立业务部门，进行数字化转型任务和技术环节分拆。

这一切都离不开最初提出数字化转型方针的领导，而这样大的决策必然与一把手相关。但单纯的一把手工程也会在向下落地实施中遇到无法预料的阻碍，就像蒙牛最初遇到的情况一样。于是，我们不禁要问：转型班子到底怎么"搭"才能让转型的阵痛期缩短？接下来，我们马上就会讲到这个问题。

■ 如何找人？技术和管理要兼顾

在确立目标之后，转型这件事的具体落地就要开始做了，这时候需要进行人力组织方面的安排。对于大型企业来说，需要严肃认真地搭班子，构建转型专项工作团队，形成比较正式的工作小组，但更多的时候，很多企业只需要形成一种跨团队工作的协作机制。数字化转型需要专门的特殊人才，需要很多既精通技术又精通业务的综合背景专家。从工作定位来划分，数字化转型所需要的人才分为高级人才、中级人才和一般人才 3 类。

高级人才是对数字化相关信息技术“精神内核”理解透彻的人，他们对技术如何影响业务，以及业务在技术大环境下的发展方向能够精准判断并把握。

高级人才可以是牵头数字化转型项目的 CEO（首席执行官）、COO（首席运营官），或者 CTO（首席技术官），也就是公司中“说话算数”的高层领导。当然，他们也可以是在某些前沿技术驱动的转型中，对某些高精尖技术研发工作能够起到重要指导作用，或者有能力推动重大技术创新的科研人才。

高级人才负责目标和方向，决定数字化转型的顶层设计。需要注意的是，高级人才其实并不需要了解技术细节，他们将更多的精力放在对业务本身的统筹和规划上。在这里，对高级人才的能力要求是认知大于技术。同时，高级人才需要有对业务数字化转型可行性进行准确判断的能力，比如在转型早期，能够考虑清楚什么样的业务适合作为转型的试点，优先“发力”，起到示范作用。这种事，恐怕只有在业务领域深耕多年的“老干部”才能深刻领悟。

中级人才，通常也是转型工作的中层领导，如部门经理，他们对数字化转型的认识也同样需要非常深刻，中级人才的多少决定了数字化转型结果的有效程度。中级人才要负责转型设计规划和具体执行落地之间的工作内容转换，也就是从数字化转型的抽象目标到具体任务的分解。此外，他们要负责人员之间的沟通协调，提供数字化转型的具体解决方案，解决资源问题和人力调度问题，甚至会承担起某个具体信息系统的设计和建设工作，或者配套管理制度的设计工作。

一般人才覆盖了所有和数字化转型任务相关的一线基层员工，他们负责数字化转型的具体执行部分。企业在数字化转型中，对一般人才的需求量是最大的，一般人才的平均职业素质、人数，决定了数字化转型的总体推进效率，也决定了转型工作对企业经营状况的影响力度。

数字化转型的一般人才包括信息系统的开发、运维人员及数据管理人员，也包括配合梳理业务，对业务进行分析建模和流程设计的业务人员。数字化转型的一般人才广泛分布在企业的各个团队和部门中。

如果企业自身的人才基础比较过硬，那么自己就可以独立开展数字化转型工作；如果企业的人才基础比较一般，那么就得依靠外部合作来推动转型。但是，无论是"找外援"还是自己做，数字化转型这件事绝对不是纯粹的"外包"工程，决心要做数字化转型的企业，还是要培养自己的人才的，并逐步接手数字化项目中的系统和业务优化工作。转型不是一朝一夕可以完成的，转型是"以终为始"的、持续的，企业迟早需要自己"学会"数字化的全部核心工作。

总之，可以认为数字化不是一个简单的"项目式"任务，而是一种全新的、常态化的企业运行状态。一旦企业进行数字化转型，就"开弓没有回头箭"，企业的员工就要真正具备足够强的综合能力把这件事承担起来。

例如，中国石油塔里木油田公司（简称为"塔里木油田公司"）作为中国石油天然气集团有限公司数字化转型的首批重点示范单位，将"大力推动数字化转型"这一目标，写到了企业"十四五"规划当中，并独立组建自上而下的完备团队，通过推动顶层管理人员和运营模式的全方位规划，制订了详细的五年计划，全力推进企业的业务数字化。

塔里木油田公司组建于 1989 年，截至目前，整个企业人员规模约 1 万人。在这样大而完整的体系当中，各环节设备创新对于资产总值为几百亿元的企业来说并不是难事，但运营体系及经营理念的数字化转型并不是那么容易的。

2021 年 8 月，中国石油天然气集团有限公司正式启动“数字化转型智能化发展”试点建设，仅集团总部为建立信息化管理组织、制度和流程，就专门设立了规模达 1.6 万人的信息化建设与应用专业团队。

彼时，塔里木油田公司也同步成立了包括决策层、管理层、执行层、协作层在内的“四级”完备组织体系。

决策层，相当于上面提到的高级人才，懂得如何响应集团总部的整体数字化转型目标，规划塔里木油田公司的短、中、长期数字化转型的“里程碑”节点，并对实现这一目标的基本方针给出方向性的指导。

管理层，就是上面提到的部门经理级别的中级人才。这个层面的人才对技术有相当程度的理解，能够确定技术层面顶层设计思路和框架。同时，管理层需要对所管理人员的长项和整体工作时间有非常明确的概念，能够通过沟通与协调，推动科研人才、技术人才、业务人才齐心协力地实现企业的宏观转型战略构想。

执行层，就是我们上面提到的一般人才了。当然，一般人才也必须是人才，要有一技之长，并且能够独当一面。例如，软件工程师、精算师，以及在专业岗位上工作多年，熟悉各个设备运作方式及故障多发诱因的业务专家，他们或多或少地承担着企业转型中的重要责任。

协作层，从某种程度上不算专门为数字化转型设立的独立层级，它是在一项创新方略转型过程中，各部门之间协调的“润滑剂”。例如，塔里木油田公司数字化转型班底中的相关二级单位负责人，这些人所负责的大部分工作可能还是原先的本职工作，但他们的存在决定了集团整体推动数字化转型的实际效率和效果。

综上，塔里木油田公司成立了由执行董事、党工委书记任组长，领导班子成员、信息与自动化首席技术专家任副组长，首席技术专家、总经理助理、副总工程师、机关部门和相关二级单位负责人为成员的数字化转型智能化发展工作领导小组的全方位班底，推进从集团到塔里木油田公司各层级数字化转型智能化发展工作的“十四五”规划目标的实现。

这套班底密切协作，成果卓著，开发了塔里木油田勘探事业部远程管控支持系统、“天眼”+预警的 VR 监督设备、非常规作业移动式实时视频监控装置和智能工程录井预警系统等各业务阶段智能化方案的软+硬件智能化设备及系统，并将一系列数字化系统试点成功后复制到超过 20 个勘探基层站队。

在转型期间，团队完成了远程处理复杂井、远程巡检、自动报警等任务，单通过视频回放发现的隐患就有 55 项，智能工程录井预警系统的应用覆盖面可达到 100%，异常预报共计 1116 次，及时率为 100%，准确率为 92.8%，基本实现了油田工业化场景的数字化转型目标。

类似这样能够在工业化场景中提升工作效率，降低人员成本，甚至直接减少现场事故率并提升现场作业人员安全程度的案例还很多。不过，像中国石油天然气集团有限公司和旗下塔里木油田公司这样，能够在如此短的时间内搭建如此完备业务班底的企业确实并不多见，其转型的实践方法和经验，确实值得多方探讨学习和深入研究。

■ 产品化思维，做好“最后一公里”

数字化的目的是什么？无非就是解决最终的业务需求。数字化的创新模式需要用到数据分析技术，所以很多企业在进行数字化转型的过程中，会过度地强调数字化的技术过程，而忽略了数字化的业务目标。这种思维误区产生的工作方式偏差，最终导致从数据中凝练出来的创新思路仅仅停留在一个“有意思”的概念上，而无法实现有效的业务落地。那么问题出在哪里呢？其实就是缺乏一个有效的产品化思维。

数字化转型往往是要有应用系统产出的，也就是构建一个技术产品给业务相关的人用，如果想把数字化技术引进来，就要保证“有人愿意用”这个技术服务。成功的数字化转型成果不是一个简单的系统，也不是业务逻辑的变化，而是系统加业务的组合模式。所以说，单有系统不行，还得有人用系统实实在在地解决问题，能够把系统用得好。而解决“系统使用”问题的关键，就是要在系统的设计阶段具备产品化思维。

产品化思维是做技术产品的基本思维模式，说白了就是要换位思考，多替使用者考虑，把技术系统带入具体的应用场景里来充分设计。这是一种重要的“同理心”。如果不具备产品化思维，就很难创造出公认优秀的技术应用。

从数据中发现业务机会到成功应用，中间其实还隔着很远的距离。盯着一个 Excel 表看，瞬间会产生很多有趣的想法。这个不难，难的是将这些想法落实到实践过程中的一系列艰苦探索：从数据中发现业务机会；设计技术方案计划；将技术方案计划落地实施；价值发现；价值应用；产生应用效果。

那么，究竟应该如何构建一个有用的数字应用呢？

Davis 等人在 1989 年研究出来的技术接受模型或许可以给我们一些启发。这个模型提到，用户是否会使用一个新的数字化产品，取决于他的主观意愿是不是积极的。这个主观意愿背后又会受到两个因素的影响：一是感知有用性，就是这个产品能不能解决实际问题；二是感知易用性，就是这个产品好不好用。

感知有用性和感知易用性都高的技术产品，基本上就算成功的技术产品了，比如微信、抖音、拼多多。先不管这些产品在市场推广上投入了多少成本和精力，单从产品设计方面看，确实做到了满足咱们老百姓日常生活中的实际需求，并且老少皆宜。

咱们先来介绍一下感知有用性。其实一个技术产品有没有用是因人而异的，软件开发工程师觉得有用的东西，产品经理未必觉得有用，而产品经理觉得有用的东西，用户未必觉得有用。每经过一层角色的转换，产品需求都会“变味道”。数字化创新不能闭门造车，然而要想做到站在用户角度去思考问题，其实也是很难的，这也是很多数据应用项目最终失败的原因。

如果想要了解用户的需求，则最直接的方式就是进行用户沟通，然而在现实情况中，用户并不会把真实的想法表露出来，他们只有一个模糊的目标，不会清晰地告诉你想要什么。我们设计技术应用的时候，有时候会“抱怨”用户为什么总是对着干，不好好提需求，然而事实是用户根本就提不出需求。让用户提需求，这个要求太高了，要知道这并不是用户的“义务”，用户只想解决他们在生活中或工作中遇到的问题，至于解决问题的方法和数字化有没有关系，对用户来说并不重要。

那么这种情况下究竟该怎么办呢？我们需要做的，就是场景模拟。把我们自己想象成要服务的用户，模拟他们的业务活动。我们需要研究，在现实的业务场景中，到底包含了多少个业务活动环节，每个环节用户都做了哪些事，其中哪个环节是让人“头疼”的，这个环节是否可以被机器活动替代，等等。

从有用性的角度出发去设计数字化的产品或服务还有一个好处，就是可以有效地避免陷入“技术陷阱”。“技术陷阱”是企业在进行数字化转型时非常容易踩到的“坑”，即一味地追求高科技，寻求炫酷的算法或新颖的数据分析思路，忽略了算法本身是否能够有效解决业务的实质问题。这种情况尤其容易出现在由技术“牛人”牵头的数字化项目中。

很多时候，数据不是万能的，算法也不是万能的，衡量一个数字化应用是不是“高级”的标准不应该以技术的复杂性来判断，而是应该考虑技术到底能不能解决实际应用问题。

技术有技术的优势，人有人的优势，人和机器只有协作互补，才能发挥出更大的智力潜能。具体来说，机器比较适合处理大规模的数据存储和数据计算问题，但是机器处理的问题受限于问题的标准化程度；人虽然能够处理相对抽象、综合的问题，但是对数字的处理即不够敏感，也不够快捷。

很多需要数据分析支撑的业务，机器或许可以帮上忙，但是如果只依赖于机器，则在当前的技术发展情况下，无论多么复杂的算法都很难达到人的水平。我们与其在算法上没完没了地较真，投入大量的研发成本来训练机器达到人类专家的水平，不如让人和机器一起干活，让机器做人的助手。

例如，现在有很多算法模型可以自动地从文档中“抽取”关键的业务信息，并将其提供给相关领域的专家进行决策分析。这类技术在财务报告数据分析、医疗保险材料分析、书面试卷自动审核等方面具有很大的应用潜力。

让算法在这些任务上达到人的“认知水平”是很难的。于是，在行业应用中，一般采用退而求其次的方法，也就是让机器根据一些人为定义的分析模板自动处理文本内容，再让人快速地把处理过的信息进一步审核或补充。这里，机器以一种预处理的方式参与到了信息的抽取活动中。

那么，感知易用性又该怎么实现呢？用户需要尽可能简单、便捷地使用数字化产品，不需要进行太多的操作。更多的时候，“操作”其实应该是无感的。例如，很多电商平台都是通过自动推荐的方式，让信息和服务主动触达最终的用户，而不是让用户自己去搜索想要的内容。

虽然现在的人已经慢慢适应了信息技术的快速发展，计算机、手机、iPad等电子产品使用得越来越顺手，但是人们的性格总归是比较“懒”的，一个技术产品被设计得越复杂，越多的潜在使用者就会被“丢掉”。

感知易用性除体现在操作的便捷方面外，其实还有一个非常容易忽略的“点”，就是结果的可理解性。当数据进行漫长的加工处理，最终带着有价值的信息以可视化的方式呈现给用户时，应当是容易理解的。用户需要什么，系统就应该反馈什么，而不需要把多余的内容都“倾倒”给用户。

如果用户想要得到系统推荐的产品，那么就应该把产品列表图文并茂地展示出来，至于复杂“算法”为每个产品计算出的相关性量化指标，则不需要特意呈现。类似地，如果用户想知道工厂园区哪里突然发生了异常情况，那么就直接在地图大屏上把这个地方“高亮”显示出来，这个时候图形会比具体的数值更能直观、有效地传达关键信息。

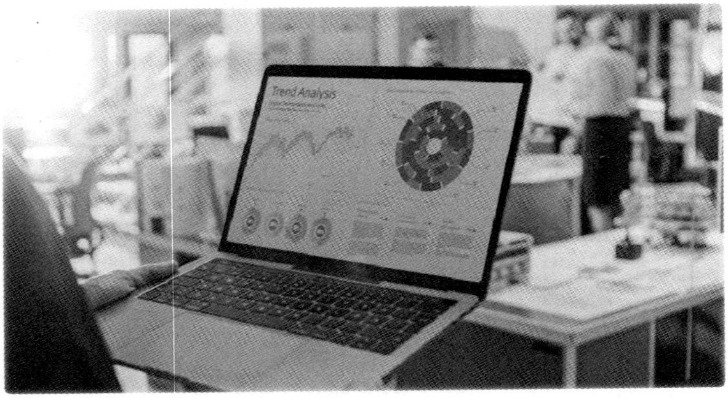

产品经理是软件开发项目中非常重要的角色，承担了一个技术项目从业务需求到开发需求之间的重要衔接工作。在一个行业中，优秀的产品经理非常稀缺，既要非常懂底层业务的逻辑，也要具备与技术人员和谐沟通的应变能力。

第三节 走自己的路，合适的才是最好的

对于企业来说，确定了需求和目标，配齐了核心的转型人才团队，接下来就要确定具体的转型方案了。在操作层面，由于每个企业的具体经营费“处境”不一样，所以数字化转型工作并没有统一的方法可以“抄作业”。尽管如此，我们还是尽可能地总结出了一些规律，对全行业企业进行一个基本分类，然后为每类企业在“总体”的层面上提供一些“相对通用”的转型思路。

首先，我们把企业分为传统企业和技术创新企业。这里传统企业和技术创新企业与企业所在行业的科技属性有一定关系，但更多是按照企业是否较多地引入信息系统来支撑自身核心业务来划分。

其次，我们还可以把企业分为小微企业和大中型企业。大中型企业的数字化转型比较复杂，难度也比较大，但是小微企业的转型需求也不容忽视，毕竟从整个市场的规模来看，小微企业所占份额仍然是主体，各行各业的市场活力和创新能力在很大程度上都依赖小微企业的重要贡献。

最后，我们分别为大中型创新企业、大中型传统企业、小微创新企业、小微传统企业提供一些可行的转型建议。

■ 大中型创新企业：推进系统整合，有规有矩才持久

大中型创新企业的数字化基础较好，很多核心业务的开展已经率先实现了信息化和自动化，并在已有的业务中持续积累了大量有价值的历史数据。

尽管如此，这些企业的业务系统在管理方面十分混乱。在早期的业务快速扩张时期，为了应对不同的业务场景，覆盖到更多的用户，并占据更多的有利市场，企业构建了各种各样的信息系统。这些企业内部信息系统之间的结构关系错综复杂，由于各业务的上线时间都很紧，几乎每个系统都是“赶时间”做出来的。

这些系统的建设遵循着不同的软件开发标准，使用了不同的程序开发语言，被不同的技术团队“负责”开发，并且被不同的业务部门、团队，或者分公司进行管理和运营。在这种情况下，这些业务系统产生的数据几乎很难实现互联互通。

每个系统都按照自己的流程在“跑业务”，遵循自己的独特场景和方法逻辑在使用数据、生产数据，于是每个业务系统中的数据，都留存在自己的“孤岛”上。这些数据的存储位置不仅在物理上分离，甚至连存储的格式也大不相

同。这就意味着，对于企业来说，同时存在着多套平行的“数据应用体系”，没法把来自不同系统的数据用“同一个故事”串联起来。

除此以外，这些企业不仅业务系统建设得没有条理，而且在数据管理方面也存在着诸多棘手的问题。例如，不清楚数据在哪里，不清楚是什么意思，不清楚怎么用，最后导致基于数据的业务创新变得非常困难。

对于大中型创新企业，数字化转型的根本目的，是进一步提升自己的数据管理能力和数据应用能力，进一步加强数字化业务的拓展能力、运营能力和创新能力。这些企业在数字化转型中最紧要的事情就是整合已有的存量业务系统，规范系统的管理，统一数据存储的标准，建立数据使用的规范。实质上，数字化转型就是对数据及产生数据的信息系统进行整顿，为数据的使用、数字化业务的创新，提供良好的发育土壤。

对于大中型创新企业来说，最常用的做法是开展规范化、平台化的信息系统建设工作，通过建设一个统一的“大系统”把之前杂乱不堪的“小系统”都囊括进来，对这些“小系统”的核心功能和服务进行集中化的接入和管理。在实际操作层面，这个“大系统”有很多具体的形态，其中比较主流的就是我们在数字化转型中常提到的“中台”。中台是什么及中台怎么建设是数字化转型中非常重要的“课题”，以至于很多人把中台建设理解为数字化转型。

顺便一提，关于中台现在有很多误解。有的人说中台不管用，也有的人说中台建设的效果不如预期，还有的人说中台不靠谱。这里需要澄清的是，并不是所有企业的数字化转型都需要建设中台，也不表示建设中台就要建设成体系化的中台系统。有时候，我们需要的只是中台的思想，即对系统、数据进行集中整合与管理的思想。

因此，这个大系统的建设一定是要经过统筹规划的，是经过规范化设计的，不是为了应对某个突然的临时业务上线，也不是为了从某个业务中获取直接的经济收益，而是出自管理方面的目的。

这个大系统的建设是个大工程，需要投入很多精力、财力和人力。在建设这个大系统之后，企业的很多技术研发工作、系统上线工作、业务管理工作，都会面临很多方面的调整。于是，企业就可以从一个综合系统的建设项目“切入”进行数字化改良，以点带面，然后对企业整体的数字化创新能力进行完整的升级重塑。

当前，很多关于数字化转型的培训类课程及数字化转型的科普图书，都是面向这类企业提出解决方案的。这种企业的数字化转型，由于技术底子好，所以更多的工作在于如何进行系统架构和数据架构的重新设计，数字化转型的重心在于“体系优化”。另外，对于大型综合系统的建设，在资金投入上确实也要花不少钱，动辄千万，为了企业综合能力的升级改造，或许只有大中型创新企业才有这种决策和执行的魄力。

■ 大中型传统企业：接受全面改造，勇敢走出舒适区

对于大中型传统企业，数字化转型的复杂度和难度都非常大。这些企业的规模很大，“财力”也较强，但是行业经营模式非常的传统，很多企业的业务开展，包括内部的运营，都逐渐变得效率低下。

由于外部市场环境“激烈变动”，企业可能会面临着不可知的市场危机，整个社会的信息化和智能化进程飞快，新兴的技术很可能会带来更多的潜在竞争者。传统大企业的“龙头”地位似乎变得岌岌可危，稍有不慎，就可能被新的行业“进入者”颠覆。而这个颠覆者，都不一定是本行业的可见竞争者，很可能来自一个全新的产业模式。

因此，当前已经有越来越多的大中型传统企业充分地意识到数字化转型的必要性，并且开始准备给自己“动动筋骨”，进行产业升级。

“居安思危”是必要的，新技术的出现会给各行各业都带来机会和挑战，不仅是先天就具备技术基因的行业，也包括一些看似非常传统的行业。这些行

业的大企业靠着传统的经营模式或许已经“称霸”市场几十年，甚至超过一个世纪，但是一旦停止了学习和进步，就有可能随时被“击倒”。

传统大中型企业的数字化转型有很多“老大难”的问题，虽然这些企业愿意花钱，肯下本，但是更多的问题无法靠金钱解决！

首先，很多传统行业的企业根本就不知道怎么进行数字化转型，对本传统行业的数字化形态缺乏足够的想象力，找不到数字化转型的方向和目标。很多传统行业，无论是国内的还是国外的，都没有什么可以参考的先行者，数字化转型工作属于摸着石头过河。这种情况，就更容易让企业员工从上到下，都更加愿意待在舒适区里继续“混日子”。改变吧，怕担风险，不改变吧，似乎又没什么事情可做，就只能循规蹈矩。但是这种所谓的“舒服”似乎又让人感到很不踏实，尤其是对于那些“看得更远”的领导者。

同时，这些企业的数据管理基础特别差。传统的大中型企业，可能自身的信息化水平原本就不高，很多信息系统的使用只是为了支撑企业内部的基本管理，提高办公效率，而对于业务的开展，也只是局部环节采用了一些电子化的设备。大多数的业务并没有产生“高质量”的数据记录，然后很多数据的录入和分发工作，都是靠人工的方式进行下载和整理的，并没有采用自动化方式进行信息的管理和推送。

在业务的开展过程中，重要的数据信息可能只是简单地依靠人力用 Excel 表格进行“傻瓜式”录入，然后按照文件夹分门别类地存放，数据是什么意思也只能靠文件名来区分，而对于数据的传播和使用，很可能就依靠 U 盘从一台计算机转移到另一台计算机。这不是讲故事，很多非常“古老”的企业还停留在这个水平的数字化阶段：核心数据没有完成成熟的线上化，数据也是乱存乱用，不仅效率低下，而且在数据安全方面也存在着很多隐患。

这些企业在进行数字化转型时，可能并不“着急”进行数字化业务创新，毕竟思路和方向暂时也不明确，需要探索。但是不管怎样，传统大中型企业都需要先做一些事情来补足短板。

例如，加强对现业务的线上化升级，让更多的业务能够通过线上系统留下数据痕迹。在这个过程中，可能要新建设一些业务系统，同时，对原有的落后业务系统进行升级改造，提高这些业务系统的服务能力。业务的线上化升级其实就是所谓的“信息化”。信息化是和数字化比较接近的概念，在过去的二三十年里，很多企业都通过信息化“吃”到了一波技术红利。信息化意味着企业更多的业务过程实现自动化的可能，可以提高效率，本身对企业的产品和服务质量的提升是有很多好处的。但更重要的是，信息化解决了数据来源的问题。毕竟，数字化转型离不开数据。

如果一个传统企业在信息化方面，系统建设工作做得少，那么当到了数字化转型的时候，就得“补课”，否则转型起来就很吃力。当然，系统少的话也有一些“意外”好处，就是可以在系统最开始建设时加以统筹考虑，进行一些成体系的建设规划，避免前面提到的很多大中型创新企业所面临的系统建设“杂乱无章”问题的出现。

对于大中型传统企业，需要对数据集中管理并制定科学严谨的数据使用规范。尽管这些企业中能够批量自动地生产出标准业务数据的信息系统不多，但并不意味着没有相应的业务数据。这些数据散落在企业各处：可能在某个人的计算机桌面上，可能遗忘在某个U盘里，可能在某个小团队内部共享的网盘中，也可能在几个业务骨干微信群的聊天记录中……

而更多的情况是，很多有助于业务创新的核心数据根本就没有以电子化的形式进行存储。在数据方面解决企业问题，关键就是要清楚这些数据在哪里，然后对它们进行统一的组织存储和应用。

国家电网有限公司（简称国家电网），作为一个传统国企，在数据管理和数字化战略上制定了明确的目标及规范。为顺应2020年8月发布的《关于加快推进国有企业数字化转型工作的通知》的要求，国家电网对内发布了“夯实数字化发展基础，坚持不懈狠抓管理”的具体要求。

具体到执行层，国家电网建立了跨部门、跨专业、跨领域的一体化数据资源体系，并提出了面向“盘点—规范—治理—应用”4个环节的一整套数据资产管理自我完善的管理理念，建立了最小化的数据共享负面清单，尽可能地在各业务、各部门间进行顺畅、高效的数据复用与分享，减少“部门墙”造成的壁垒。

此外，国家电网在北京、上海、陕西3个地区建立了自己的数据中心，要求强化“两级部署、多级应用”，制定了加快27省市数据中心的升级改造目标和实现核心业务数据统一服务体系的1.9万台服务器的采购目标，总数据存储量高达30PB，堪称传统国企数字化转型的表率。

除了上面提到的两方面，对业务进行数字化建模也是非常值得关注的转型基础性工作。例如，传统企业可以为数据添加业务标签，构建关于业务的知识体系，完善业务的统计指标。

知识体系包含了一切关于业务的数字化知识。业务知识是支撑一家企业不可替代的业务能力，对业务知识的管理是企业创新增长的核心。对于很多传统企业来说，业务知识大多存储在业务专家自己的头脑里，只能口口言传，无法批量复制和应用。这种情况很容易造成一个企业内部的“知识垄断”，导致新人成长慢，老人“倚老卖老”，而企业整体效率低下。此外，不同部门之间也会难以合作交流，缺乏统一的业务语言。

因此，要想实现业务的数字化，就得先完成业务知识的数字化，也就是把核心的业务知识搭建成计算机可以理解的知识体系，用特定格式进行统一的存储和管理。这些重要的知识体系可以帮助我们查询数据、解读数据、分析数据、使用数据，是一切业务线上化和智能化的基础。可以说，任何数字化业务的创新，底层都依赖于知识体系的构建。

那么知识体系到底是什么呢？简单地说，就是把业务活动从线下转到线上的信息模板。有了这个模板，就有了对数据进行计算和分析的基础。知识体系的建设是一个浩大的系统性工程，解决的是知识如何表达的问题，依赖于强大的业务理解和数学建模能力。一个传统企业，如果要构建起自己领域的知识体系，就需要在技术和业务方面都有足够专业的综合人才。

大中型传统企业的数字化转型难度大，可以参考的案例不多，数字化创新的方向不明确，现成的成熟方法少，企业要做的技术基础准备也特别多。与此同时，由于企业长期按照传统模式运营，工作方式也传统，企业内部的数字化人才也比较缺乏，核心领导层和管理层在数字化方面的思维方式上也存在很大的“认知”上的局限。

因此，大中型传统企业的数字化转型，大概率是要找外援的，如果非要自己独立开展转型工作，就需要对组织结构进行非常大的调整，大量引入相关人才。这样，对原有的管理层人才结构可能会造成很大的冲击。

这就又牵扯到另外一个问题了，那就是人的利益因素。不管是否在管理层“空降”数字化人才，数字化都会打破传统企业现有的利益格局。毕竟，传统企业的管理层大多是业务背景出身的，整体数字化技术水平并不高。数字化转型对管理层人员提出了更高的要求，也会影响到管理层的价值，二次创业总是让人焦虑的。怎么解决人的问题，创造一个让大家齐心协力的良性企业文化，是传统企业面对数字化转型的“根子”问题。只有先把这个问题梳理清楚，再进行技术的布局和探索，才能保证转型落地有所支撑。

■ 小微创新企业：聚焦业务创新，尽快形成数据闭环

对于小微创新企业，在数字化转型中，对系统和数据的整合与管理其实不是最迫切的事情。这些企业一般都已建成了一些成形的业务系统，但是与大企业的不同之处在于，这些业务系统通常比较垂直、单一，业务逻辑比较清晰。小微创新企业在系统和数据管理方面，由于规模和复杂性的原因，暂时还没遇

到瓶颈。这些企业，主要面临的还是“生存”问题，没有找到持续、稳定的盈利“曲线”。数字化转型对于这些企业的价值，本质上在于提供更多的发展机会，成为这些企业获得竞争力的有效手段。

小微创新企业因为业务本身已经实现了线上化，或者本身就是在从事互联网相关的行业，因此可能已经积累了一定规模的、有价值的业务数据。对于这些企业来说，当务之急就是把这些有价值的数据积累起来，通过精准的业务模式设计，“跑通”从数据到业务再到数据的良性数据闭环，从而迅速完成从小型企业到大型企业的身份转变。

小微创新企业需要提高对数据的理解能力和应用能力，不断进行数字化业务创新，对于它们来说，数字化就是要开拓出更有价值的“智能服务”。小微创新企业需要加强对自身行业的学习，提高对业务的理解，并且提高对业务产生数据的理解，然后充分挖掘数据背后的潜力，实现数据核心价值的最大化。在深入梳理业务逻辑的基础上，需要加强对数据的分析和整理，结合现实的业务需求，设计“巧妙”的数据服务模型，完成业务的升级改造。

除此以外，这些企业也可能面临着业务发展方向的转型，数据积累可能只是他们第一阶段的产物，并不会产生持久、可观的收益回报。但是，通过对第一阶段积累的数据进行分析，可以挖掘用户需求，了解用户的行为特征，并基于此开拓、聚焦真正有特色的业务，实现业务的升级。

例如，某互联网创业公司，构建了一个基于旅游社交的垂直领域App，用户在App的地图上可以进行景点的“打卡”，上传旅游照片，分享自己的旅游经历。用户可以彼此互相关注，了解所关注的好友去了哪里游玩，吃了什么美食，采用了什么交通方式，以及了解当地的旅游特色。

通过运营这样一个趣味 App，该公司积累了大量对旅游感兴趣的粉丝群体。通过对这些旅游爱好者的关注行为、浏览行为，以及发布“打卡”照片的分享行为进行数据分析，可以精准地挖掘他们的潜在旅游需求。

该公司可和提供旅游产品及旅游服务的企业进行合作，帮助它们进行广告宣传和业务引流。例如，该公司通过大数据分析发现某个用户经常浏览大理洱海“打卡”的记录，并对旅游照片进行频繁点赞和收藏操作，于是预测该用户对云南区域特色旅游项目具有较大的兴趣，并可能愿意付费参加类似的旅游项目。通过 App，该公司自动地把云南旅游项目的产品链接和对应的折扣信息推送给该用户。

除了以上方面，小微创新企业，为了增强自身的数字化基因，也可以把重点放在创新技术的引入和研发方面，以此挖掘自身的核心技术潜力。总之，小企业的数字化转型痛点不在于管理，而在于业务创新，其本身的财力资源也有限，应该把钱花在刀刃上。对这些企业来说，不管是在业务逻辑上，还是在信息化、智能化技术上，都应该聚焦前端的特色业务场景，集中精力和财力对核心业务重点进行突破，等公司的体量规模上来了，再考虑“大而全”的数字化体系布局。

■ 小微传统企业：充分借助外力，少花钱也能办大事

对于小微传统企业，数字化转型的逻辑相对简单，但是小微传统企业在国内整体大的行业分布里占比很高，因此数字化转型的市场潜力也比较大。小微传统企业由于体量规模比较小，业务线相对简单，所以在数字化转型时，在技术上不会遇到太高门槛。这些企业转型的关键和小微创新企业一样，需要找到合适的转型方向和定位，才能更好地发挥自己的核心业务优势。

小微传统企业的业务逻辑比较常规，商业模式的个性化特征不明显，在进行数字化业务设计时，通常会采用比较通用的技术模块。因此，对于很多小型传统企业来说，一般仅依靠现有的商业软件套件或商业平台，就可以实现自身业务的数字化转型，没必要花钱、花精力去探索高深的技术问题。

小微传统企业的业务甚至可以采用“半自动化”的形式开展，仅在部分环

节采用数字化的解决方案。当业务体量不大的时候，传统业务中的人力操作部分可以在一段时间内保留，逐步推进，这样也降低了员工接受数字化技术的门槛。在数字化转型中，要充分地考虑到小微传统企业员工在 IT 方面基础薄弱的问题。

也正是基于这方面的考虑，在选取技术方案的时候，可以尽量选择比较容易上手的软件工具，其实有时候，小工具也可以解决大问题。数字化不等于复杂的信息系统建设，数字化是一种思想，只要用好数据把业务做好了，就能算好的转型案例。

例如，我们可以使用企业微信对用户群体进行集中管理，在企业微信中把用户按照业务标签分类，批量操作，定向推送营销信息，企业微信就直接充当了一个微型的客户关系管理系统。

具体来看，对于某个服务行业的小店，比如美甲店、买手店，或者美容院，可以把用户按照消费能力的高、中、低进行分组，并对用户打上“上班族”“家庭主妇”“学生党”“羊毛党”“爱宠一族”等典型的业务特征标签。当这个店铺推出适合某一消费群体的服务或产品的时候，就可以通过业务标签筛选出满足条件的人群，然后针对这个特定群组，批量发送编辑好的广告链接或购物链接。

更进一步的应用，就是充分挖掘消费支付的线上化潜力。

今天，不管是传统行业还是新兴行业，只要直接面向 C 端消费窗口，哪怕只是胡同口的一家早点铺子，就会提供微信或支付宝的收款二维码。这就相当于通过接入第三方平台，快速实现了业务环节的线上化。这一点，基本上在全国的商家范围内都完成了普及。但是这仅仅是在线支付，还不算数字化应用，真正的数字化是充分利用商户端的消费记录数据，对用户的行为特征进行分析，自动地挖掘用户需求。然后，在恰当的时间提供恰当的产品，以促成更多高利润的交易。

很多商户为了更好地管理消费者，都会开发自己的 App 或小程序作为直接面向用户的消费入口，然后把这些消费入口按照统一的开发标准，对接到微信或支付宝的第三方支付平台上。对于 C 端的这类消费应用，不同类型商户的需求都差不多，只有界面上有很小的个性化差异。除此以外，基本操作流程都是扫码、选择门店位置、选择商品、放入购物车、下单、支付。如果有额外功能的话，则可能是选择消费卡包，设置“自提”或“配送”，或者填写收货地址。因此，这类应用的开发，本身难度并不大，成本也不会太高，有时甚至可以直接“采购”一个现成的软件，或者基于软件模板进行非常快速的迭代生成。

小微传统企业的数字化发展，很多时候会被整合到大企业的数字化计划中。就像前面提到的那样，随着数字化转型工作的深入，大企业通常会建立起统一的大平台，这个大平台整合了海量的数据并提供丰富的数据服务。这些数据服务不仅能给企业内部的部门和团队使用，还可以对外进行赋能。也就是说，大企业通过足够规模的数据资源，对其所在行业生态中的小企业进行数字化的服务输出。

打个比方，大企业就像是航空母舰，而这些数字化转型中的小企业就是停靠在航空母舰上的飞机，技术变革推动它们一起“超越”。

因此，有意愿强化自己能力的传统行业小企业，就应该主动寻求与大企业在数据方面的合作，充分整合与自身业务发展相关的行业数据资源。这个大企业可以是所在行业中的，也可以是其他行业中的，关键在于这个大企业平台的数据能力与当前正在准备转型的小企业的数字化目标是否相关。通过整合有价值和高质量的数据资源，可以帮助小企业发现更多的业务机会，让小企业根据自己的业务痛点设计出更多“有趣”的数字化应用模式。

近期，已经有不少小企业开始着手加入数字化转型的行列中。

北京一家名叫“高清口腔”的传统老派诊所，在中关村方圆不超过 20 公里的地方曾经开过 3 家连锁店。这家诊所几十年如一日服务于方圆三五公里的老旧社区居民。这些老顾客大多是与诊所建立了 20 余年交情的附近居民，有的甚至三代同堂。

然而，这家看似稳定的社区诊所，在市场的大的变革背景下，也开始遇到各种危机。常年来，由于老顾客搬家或工作单位变化，诊所的业务量不断下降。同时，发展空间受到其他新开诊所的挤压，在行业竞争方面也遇到诸多挑战。究其原因，主要是对老客户的跟踪服务不及时，新客户开发无门。此外，同行诊所不断推出新奇的营销手段，也让这些专注于医疗技术与具有传统服务态度的“老大夫”多少有些力不从心。

近期，受到“老大夫”儿女们的影响，高清口腔开始下决心接受信息技术的改造，先从信息化开始，逐步完成数字化转型的业务升级。

首先，其将原先积累了 20 年的上万份病历，通过“牙医管家”SaaS 软件，实现了就诊记录的电子化，提高了病历搜索的效率和准确性。然后，医生们在软件当中对重点病例进行复盘和比较，挖掘患者的性格特征，对“老朋友们”进行标签分组，以精准医疗为目标，提供个性化的治疗方案和口腔预防与护理的建议。

在线下的门店就诊服务方面，通过企业微信群管理，实现患者就诊预约的柔性时间安排，针对患者的口腔健康需求偏好，安排合理的保健套餐，并设置定时、定项的消息提醒等。

除此以外，为了提升用户黏性，增强病人的护牙意识，促进医患之间的沟通效率，高清口腔还通过微信公众号平台不断向患者定向推送护牙小文章，普及口腔知识，增强患者的信任感。

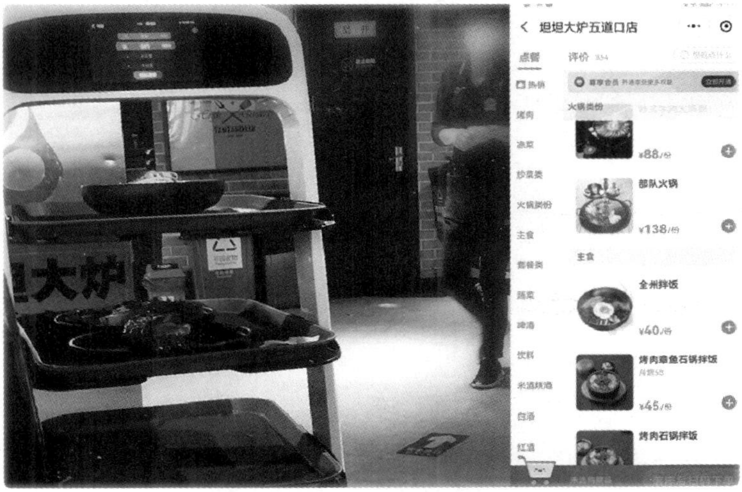

对于餐饮这种传统的服务行业，可以通过模板快速开发出自己的小程序，提高业务效率；每家店都可以快速搭建属于自己的“大众点评”；送餐机器人的广泛使用，也大大节约了用工成本，同时也有效提升了菜品送到餐桌的效率。

第三章

数字化体系：价值如何产生

数字化转型的关键在于数据，也就是把数据用好、用活，为企业创造新的价值。可以说，数字化转型的成败就在于转型的决策者对数据的认知。决策者如果能准确判断出数据里面有没有“金子”，同时知道怎么把“金子”挖出来，转型就会有可观的收益结果。

本章我们将围绕数据本身，聊一聊数字化的“精神内涵”。

任何企业的经营都离不开数据，但是在大多数企业的日常工作中，对待数据的态度并不一定都是“端正”的。就好比我们都会刷牙，但是刷牙的方式并不一定都对，我们对数据的理解也经常是在“想当然”的层面上，怎么方便怎么来，怎么能应急怎么来，而忽略了数据本身在开放性、价值性、逻辑性、规范性、安全性等方面一系列重要的属性。

所有成功的应用实践背后都有理论指导，先讲方法，再聊操作。

因此，要有效地开展数字化转型的工作，首先要构建科学的数据管理和数据使用方法，让数字化转型有章可循、兼顾全面。其中，数据的管理也叫作数据治理，为数字化转型提供重要的制度规范保障，数字化转型不只是上系统、上应用，更是组织中人在和数据打交道时工作方式的转变；数据使用方法，则包括了数据产生、数据分析、数据应用 3 个重要环节，任何数字化的核心过程，都是按照“三步走”在执行，有了这个思路，就不会在转型的过程中迷失。

下面再从通俗的角度讨论一下数据的价值是如何产生的，这样有利于我们快速分辨什么是重要的数据，以及应该沿着什么思路构建有价值的“数据金矿”。数据的价值在于关联，更多的数据关联会带来更大的数据价值。总之，从转型中产生效益的关键就在于想方设法地创建和挖掘数据之间的联系。

最后我们介绍一下“元数据”的概念，也就是如何定义数据。元数据包括业务元数据和技术元数据，二者侧重点不同，彼此之间有着紧密的内容上的衔接。元数据可以把业务上人用自然语言表达出来的数据需求转换成机器可以理解的程序语言。利用业务元数据，管理者或决策者可以毫无歧义地表达“我想要什么数据”；利用技术元数据，数据工程师也能快速知道如何准确地用代码实现这个“数据需求”。元数据为业务人员和技术人员提供了讨论数据的语言基础，保证了转型过程中数据创新的效率。

第一节 数据治理：管好才能用得好

根据前面的讨论可知，大企业有数据，但是管不好、用不好，所以需要进行数据管理和系统建设；而小企业呢，数据本来也不多，对数据的管理就更不重视了，要么根本意识不到自己有数据，要么急于拓展业务，根本不在乎数据管理的问题。然而，在数字化转型中，数据是处于非常关键的地位的，所有的业务创新和效率提升，都得围绕数据“琢磨”产生，企业价值的来源，也是数据。因此，只有把数据管好了，后面在转型创新的时候，才能把数据用好，让数据充分地发挥作用。在很多企业里，数据管理也有个更加正式的名字，叫作数据治理。本节中我们就来介绍一下数字化转型中对数据的管理问题，并深入探讨数据治理给企业的数字化创新带来的具体好处。

■ 数据不光要管，还要管得全

要想做好数据管理的工作，首先要能识别什么是数据，并且知道管理的“边界”和范围在哪里。很多企业管理者问：“我连数据都没有，怎么做数字化转型？”然而真的是这样吗？

因为所在行业不同，发展阶段不同，企业能够接触到的数据规模也有差异。

但是，任何经营中的企业都是有数据的，很多时候，是管理者没有对这些“隐藏”的数据予以足够的重视，误以为没有数据或缺少数据。如果管理者没有一个全面的“数据观”，就会错失很多有价值的“信息资源”。

数据不是互联网行业的专利，无论是传统企业还是创新企业，都拥有大量有价值的数据。只要企业在运转，就无时无刻地不在产生新数据，区别在于有的数据比较明显，而有的数据看起来不太像数据。

数据，代表一家企业经营的“痕迹”。因此，我们也可以认为，通过分析数据，可以了解企业的前世今生，如企业是怎么运转的，企业的经营环境发生了什么变化，企业遇到了什么危机，企业面临着什么机会……

那么，数据到底是什么呢？一切有业务意义的，可以被存储并被理解的信息都可以称为数据。数据可不只是“工资条”上的那几个数字，数据有着更广泛的意义。对于企业来说，数据可以是所有客户的电话号码，可以是消费者的订单记录，可以是电商平台上用户的留言建议，可以是秘书拿来的一张报销单据，可以是业务主管第 *N* 次修订好的业务手册，可以是实习生呕心沥血完成的分析报告，也可以是机房系统里面飞速“刷屏”的符号编码……

有的数据是数字，有的数据是文字，有的数据是音频、视频、图像，还有的数据可能只是一堆原始的 0、1 字符。

数据有那么多的表现形式和内涵，这些数据散落在企业的不同部门、团队和人员的手中，也藏匿在不同的系统、计算机、硬盘和文件夹里面。对于大企业来说，数据的体系十分庞杂，在数字化转型中，要想用好数据，实现有价值的业务创新，就得先把这些乱七八糟的数据分门别类地整理好，对这些数据进行科学规范的管理。只有这样，后面在用到这些数据的时候，才能轻松地找到它们，最大化地利用这些宝贵的数据资源。

经过调研发现，在业内，数据管理混乱可以说是大企业的通病了，几乎所有大企业在进行数字化转型时，都绕不开对自身数据管理工作进行“整顿”的这个步骤。大企业每年都会投入大量的资金对人员、库存及设备耗材进行管理，可是为什么就偏偏管不好数据呢？大多数的大企业，对数据的管理不够彻底且不全面，这是需要不断强化和规范的。

在企业进行数字化转型之前，数据管理的目的是把业务顺畅地完成，只要保证不影响具体业务的开展就行，比如对购买交易的支撑、对产品加工流程的支撑、对信息服务提供的支撑。

凡是在核心业务流程中的数据，都有被精心管理；而不在核心业务流程中的数据，也都会被有意无意地忽视。与核心业务无关的、不重要的数据，因为访问得少，平时用不到，所以就会被随意存储，甚至不存储。

正因如此，企业中关心数据的人，一般只有业务系统的维护人员，可能还包括财务人员和市场销售人员。企业中真正关心数据怎么用的人并不多，哪怕他们会接触到或手中有很多有价值的数据。

这种数据管理的思想，的确是非常“狭隘的”。

在数字经济时代，数据管理更多的应该是面向未来的，一切业务的开展都需要考虑企业未来的发展方向。数据应当被当作能够创造价值的资产来对待，这个价值不仅应该体现在对现有业务的支撑上，也应该考虑到数据对未来业务创新拓展的巨大帮助。

很多数据虽然没有在当下的业务中被用到，但是数据中蕴含的重要产品信息、用户信息、市场信息，都有可能会支撑新的业务的开展，也会促进现有的业务优化。

所以说，不管这个数据眼下在不在业务主流程的“必经之路”上，只要是在企业的任何经营活动中产生了，就应该被予以应有的重视，被规规矩矩地存储和管理起来。在数字化转型中，对数据应该持有开放的心态，眼光放宽、放长远，要具备发掘有价值数据的能力，除了关注业务主流程的数据，也要“注意到”任何在未来可能会对企业发展发挥重要业务价值的数据，如市场调研数据、用户反馈数据、研发试验数据、故障统计数据、新闻媒体数据、政府公告数据、股票波动数据、竞品参数数据、社交互动数据、网页访问数据、行研报告数据、场景活动数据、产品体验数据……

当然，任何事情都有两面性，一些企业对数据的态度，有时候也存在"过犹不及"的情况。这些企业不分轻重缓急地"囤积"数据，只存储不管理，觉得数据就是越多越好，但是完全不知道当初为什么采集这些数据，以及这些数据要怎么用。不理解数字化的内核，不了解怎么从数据中挖掘价值，不厘清业务底层逻辑和数据的关系，只是想当然地把一切数据尽可能地堆积起来，这样就有安全感了吗？

数据要想用好，不仅要存储，而且要管理，给数据赋予业务含义。只存储不管理，相当于没有存储。这就好比担心没有衣服穿，就在"双 11"买了一堆衣服，但是新买的衣服还是像以前一样乱堆乱放，临出门的时候还是会跟往常一样面对"没衣服穿"的烦恼。

另外，我们还要充分认识到企业的数据存储资源是有限的，有些数据的获得也是要采购花钱的，不能什么数据都一概而论地加以存储，要存储那些真正有价值的数据。数据不是悬浮在空气中飘着的，而是要放到"硬盘"里的，如果不加甄别什么数据都存，硬盘空间很快就满了。

总之，不好好对数据进行管理，硬盘里的数据就是"死"数据。这些数据白白占着坑位，浪费资源，不但发挥不了任何价值，反而会拖累企业自身系统的工作效率，最后数据就跟计算机病毒一样，增加隐形的运营成本。

■ 集中管理，打破信息之间的屏障

目前，很多企业对数据的管理不是集中化的，而不集中化导致的结果就是数据不标准、不透明、不易懂，以及不会用等一系列问题。

在一个企业里，每一项数据从产生到存储，再到使用，不管是以什么样的形态，按照什么样的流程，一定有一些人是了解其中的情况的。这个人可能是部门经理，可能是核心业务骨干，可能是新来的实习生，也可能只是一个普通的数据库维护人员。

当一个企业只是一个初创小企业时，整个公司就那么几个人，想要获取一些数据，不知道在哪里，互相问问就知道了。但是当一个企业的经营体量庞大了，建设的系统变多了，业务线变复杂了，要想搞清楚数据在哪里就变得非常困难了。一个大企业动辄几千人，总不能一个一个地问过来吧，为了得到数据，给“全体人员”发送邮件，在整个集团里面折腾，恐怕谁也不想以这种方式工作。

数据管理不集中，会给数据的使用带来特别多的麻烦，让数据本身的价值发挥不出来。下面是一个在开展数据分析时，因为找不到数据而产生困惑的典型故事场景。

小张要对企业某个关联机构的业务数据进行分析，以支撑部门的一些市场判断和决策。尽管通过企业的数据平台，可以下载到一些粗粒度的报表数据，但是对于更加详细的数据，数据平台并没有进行展现，数据平台的数据主要面向总体决策，对某个“业务专题”的支撑还是远远不够的。

因此，小张就得考虑从原始数据入手，准备在一手资料上面进行分析，找到数据在哪儿，构成了一个“破案”谜题。小张先问了他所在团队的一个前辈，通过前辈的关系，打听到某个团队的工作可能涉及这个机构的相关业务。然后小张通过企业 OA 通讯录，电话联系到了这个团队的主管 A，跟他交涉了需求，然后 A 把他的一个下属执行人员 B 的信息给了小张。

接下来，小张又和 B 进行了沟通，但 B 说他在休假，让小张联系 C，虽然 C 不是他们团队的，但是 C 比他更懂。C 告诉小张，这个业务的数据他只掌握了一部分，可以解答，但其他方面他也不清楚，提示小张和技术开发部门联系，开发部门的 D 和他对接比较多，可以去问问。现在，把 D 挖出来了，这个信息很有价值，看来小张马上就可以接触到一手信息了。

联系到 D 了。没错，D 了解这里的细节，但是 D 很忙，抽不出时间答复小张，业务分析不是他的工作，人家着急修改 Bug 呢，毕竟马上就要开展“营销活动”了，几个版本的功能急着上线。小张跟 D“磨”了好长一段时间，最后 D 终于同意提供一些那个核心机构的业务数据资料了，前提是必须要走企业级的流程。从小张到小张的主管，到小张的部门经理，到 D 的部门经理，到 D 的主管，再到 D，等流程全部走完，又过去两天加一个周末了。好了，终于要到资料了！

这一大圈，事情不大，热闹不小。一个数据在哪儿，谁负责，谁明白，这么简单的事情，在没有数据管理的情况下变得如此复杂。小张不知道为什么一个做分析的人员要亲自去找数据，也不知道开发人员和业务人员谁更清楚数据在哪儿。整个寻找数据的流程，难道不能自助查询解决吗？

由此可以看出，对数据进行集中管理有多么重要！不管是分析人员，还是企业外部使用数据的用户，都应该可以轻松地找到有用的数据资源。数据集中管理就是要破除企业里的“信息迷雾”，保证数据和信息的充分公开。

任何想用数据做点事情的人，在规定的权限范围内，都应该很容易地做到对相应数据资源的访问和获取，而不应该把精力浪费在寻找数据的线索上。毕竟市场竞争已经很激烈了，常规业务都做不完，就更不应该再因为“管理问题”内耗了。

不管什么事情，企业内部得先管理好、配合好，才能达到“系统”整体性能的最优。只有这样，才能集中企业里所有的“智慧”，以共享的方式挖掘数据中的业务价值，一起形成合力，加快推动企业数字化业务创新的步伐。

■ 统一标准，让数据都说“普通话”

对数据除了要进行全面管理、集中管理，更要进行规范管理。数据是企业的重要资产，就跟“钱”是一样的，可以为企业带来价值。财务部门会对“钱”进行规范的管理，会制定很多的财务制度，规范企业内部“钱”的使用，比如付款、出纳、报销、核销、对账、借款。类似地，企业也要设置数据的管理部门或专项团队，比如大数据部，对数据的一系列使用行为进行规范。

进行数据治理工作，首先要对数据进行标准化和规范化定义。

企业内部存储着很多数据，以不同的格式存储在不同的位置，那么这些数据应如何定义呢？这就需要有人给出一个清晰的、统一的定义。如果不了解数据的意思，就没法使用数据，更谈不上数字化创新。尤其是结构化的数据，通常就是一堆数字加一个“表头”，若没有定义，理解起来就会极度困难。数据定义就是用于理解和交流数据的。

那么数据用什么来定义呢？答案还是数据。没错，用数据来定义数据，这个特殊的数据叫作元数据。

元数据相当于字典，告诉我们什么数据是什么意思，它的作用就是翻译，实现业务数据描述语言和技术数据描述语言之间的相互转化，让企业里所有的员工，不管是领导、业务人员，还是工程师，都能没有歧义地顺畅理解数据和交流数据。

元数据又进一步划分为业务元数据和技术元数据。

企业里面的业务术语很多，比如常见的有业务统计指标、用户群组分类、业务分类、产品分类、主题分类等，业务术语有很多约定俗成的说法，对于内行们来说，这方便了交流，却给数据分析人员、技术人员、服务外包人员，包括企业“新人”都带来很大的困惑和很高的学习成本。

业务元数据可以用来描述业务术语背后的具体含义，说明其与企业核心业务概念的关系。业务元数据可以帮助业务人员之间进行无障碍的交流，也可以帮助业务人员清楚地表达自己对数据方面的需求。

而技术元数据则更多的是被开发人员拿来使用的，用来解释在软件开发环境中的一些技术术语，比如程序变量，以及数据表的表头是怎么支撑企业核心业务的数据交互实现的。

于是，企业的核心业务概念就成了中间的“枢纽”，一边是业务术语，一边是技术术语，成为企业内不同人员交流的桥梁语言。

当业务人员提出一个数据方面的需求时，先用业务元数据将数据需求定义清楚，用企业核心业务概念的逻辑关系进行解释。然后用技术元数据翻译成具体的开发环境语言，告诉程序员应该怎么在系统的开发实现中记录这些数据，或者在数据分析环节获取相应的数据。

除此以外，技术元数据还可以实现不同信息系统之间的互联互通，在不同系统之间要进行“数据交换”的时候，比如把一个系统中的数据加载到另一个系统中进行汇总分析时，就得用技术元数据来讲清楚不同系统中哪项数据对应哪项，保证数据在置换位置的时候，业务含义不发生变化。

有了业务元数据和技术元数据，业务人员之间、技术人员之间，更主要的是业务人员和技术人员之间，才能好好说话，避免互相扯皮，减少“我说了你不做”，或者“我做了你不懂”之类的各种误会。

在数据管理活动中，对数据的定义是非常核心的一项“硬工作”，耗时又耗力，但一旦这件事情做好，后面的数字化创新工作就会事半功倍，效果明显。

除了数据定义，还要规范数据全生命周期管理中的各种人的行为，这样做的目的，是让企业里的人，能够“有责任心”地对待数据，同时保证尽可能地“安全生产”，不出问题。这就涉及很多细节了。

在数据的产生环节，要规范：数据谁来引进，怎么引进，引进数据的费用怎么核算支出，怎么存储，在哪儿存储，数据存储时应该满足的数据质量条件，存储之前的校对程序，以及数据怎么更新。

在数据的运营环节，要规范：数据的变动谁来维护，当存在多个数据源的情况时以哪个版本的数据为准，数据出了问题由谁来负责，数据应该怎么备份，数据的使用记录如何审计。

在数据的使用环节，要规范：数据谁可以使用，每个人的使用权限和修改权限，数据应该以什么方式使用，使用数据应该征求谁的审核批准，对外数据“赋能”应该采取什么方式，对内数据调用“获取”应该遵循什么流程，如何保障数据安全，如何保证数据主体的隐私，使用数据的利益应该怎么分配。

在数据的销毁环节，要规范：数据销毁的流程，数据销毁的条件，以及误删数据怎么恢复。

总而言之，数据治理是一个“耐心活儿”，就像管理其他企业资产一样，需要考虑方方面面，要出台一系列的制度、条例、规范、准则，然后要求企业成员按照规范的要求使用数据和操作数据。随着业务的不断增加，数据应用场景越来越丰富，数据治理工作也要同步、持续来做，把它当作一个常态性的工作坚持下去。

尤其对于大企业来说，有时候需要几年甚至十几年来做数据治理的工作。数据治理是数字化转型的“先锋官”，是做好数字化转型系统建设的基础。“磨刀不误砍柴工”，数据治理虽然麻烦，但是既然下定决心要进行数字化转型，这个过程就不能省，也省不了。

数据安全一直是企业数字化转型中人们特别关注的话题，尤其是大型企业，涉及许多敏感的核心业务数据。具备保障数据安全的成熟制度和技术能力，是全面开展数字化应用的重要基础性工作。

第二节 数据生态：生产、分析与应用

数字化转型的核心是数据，对于一个企业来说，数据到底是怎么产生的，存储在哪里，又有什么用，这些事情要弄明白。理解一个企业有很多角度，想用好数据，通过数据进行业务创新，增强企业的价值，就得明白企业的数据生态，也就是企业中的数据是怎么组织的，在哪里会用到，以及怎么用。

关于数字化的基本环节，就是数据的生产、数据的分析及数据的应用，所以本节就以动态视角，从这 3 个基本环节，深入且系统地了解一下，数据从哪里来，到哪里去，数据在企业的信息流中发挥了什么作用，以及是如何支撑企

业的日常经营、运转的。

业务系统，数据的“造矿机”

数据是怎么产生的？在过去，很多数据是由人工记录的，比如通过记录员直接手写在纸上，稍微高级点的方式，就是把数据录入 Excel 表格中。过去的几十年中，随着各行业争先恐后地进行了信息化改造，企业的很多业务活动由机器代劳，自动地把该记录的数据都记录了下来。这些代替人的机器，也就是我们所说的业务系统。

例如电商平台，主要的功能是通过互联网卖货，但是当平台把线下的销售活动搬到线上的时候，用户的一举一动也就都被记录下来了，包括用户把哪个心仪的货物放到了购物车，以及给哪个商品好评了等；又如医疗行业，以前很多地方看病都得把信息记录在纸上，医疗信息系统出现之后，方便了医生对患者提供全流程诊疗服务，同时，系统也把患者每次的就诊详情都存储在计算机里，方便对患者病情的跟踪和管理；再如餐厅场景，用手机 App 代替餐馆服务员的人力投入，让食客自己便捷地“点菜”，而 App 同时也记录了每个食客的就餐时间和口味喜好。

在特定的行业场景里进行信息化升级改造的时候，这些业务系统提高了业务流程的自动化水平，也“顺便”解决了数据产生的问题。业务系统可以是电商平台、医疗服务系统、点餐平台，这些都是负责实现企业核心业务活动的。在企业中，业务系统有时也会被称作生产环境或前台系统。为什么叫前台系统呢？因为业务系统“冲”在企业生产经营活动的最前面，直接面对着激烈的市场竞争环境，所谓“听得到炮声的地方”。

这些系统直接面向企业的最终用户，不管用户是 C 端的还是 B 端的，这些系统都随着企业的经营活动源源不断地产生着数据，不停“造矿”。

技术方面，在每个业务系统里，都需要有一些数据库，而每个数据库又包含很多承载具体业务数据的数据表。业务系统通过代码自动控制数据表中的数据，通过对特定数据的增、删、改、查等逻辑操作，实现某个原先由人实现的业务操作流程。

要特别强调的是，在业务系统数据表中的数据通常比较难理解，表头中的名字，都比较抽象，甚至有些表头似乎没有什么用。这些表是没有人会去读的，这里的数据，也没法直接使用。为什么呢？因为业务系统中的数据表，不是给人读的，是给机器读的。这些表中的数据用于让机器明白怎么把各个业务环节打通，以支撑某个特定的线上业务活动。

业务系统中的数据是“原始”的，就和原矿石一样，没法直接使用。但是没关系，这些数据表中的数据只要经过加工，就可以马上被转换为方便理解的数据了。业务系统中的数据，其实就是技术人员视角的数据，只要通过元数据的翻译转换，就马上能变成业务人员容易看明白的内容了。

在消费领域场景中，用户的每个应用操作，都会让业务系统产生一系列的数据。而这些自动生成的数据，其实具有很大的分析价值，可以帮助企业“深刻”地了解其用户。以前想了解一个用户，需要发问卷进行调查，但是在问卷的形式下，用户可能会嫌烦乱填，得到的数据可能是无效数据。相较而言，业务系统自动产生的数据才是真正的数据。

业务系统产生的数据包括两类，一类是主业务数据，另一类是行为数据。

主业务数据是核心业务相关用户操作产生的关键数据，比如用户对商品收藏、购买、支付、添加收货地址、使用优惠券等的行为信息。没有这些信息记录，交易就完不成，用户体验效果也就达不到。

而行为数据，则不一定支撑业务中的关键流程，但是这些行为数据里蕴含了用户的个性化信息，如用户喜欢什么，关注什么，为什么使用这个网站或应用，想得到什么。典型的用户行为数据形式，就是用户的网站操作记录，如进入哪个页面，从哪个链接跳转到哪个链接，有没有打开广告，播放了几秒动画，等等。

对用户行为数据的采集，应该有意为之，这些数据的产生不一定在业务流程上，所以要采集哪些、忽略哪些，就得靠数据分析师的洞察力了。当收到分析师提出的数据采集要求时，软件开发人员就需要根据指示，在特定的网页中添加一行指定代码，让这行代码默默地采集用户的操作行为数据。这个用特定代码采集用户行为数据的技术，也叫埋点技术。

业务系统不只支撑业务，更是生产数据的“造矿机”，谁负责业务实现，谁运营业务系统，谁就掌握了数据的生产。很多大企业的业务场景综合信息化水平较高。因此，这些企业能够自动制造出来的数据也十分丰富，有非常好的数字化变革基础。对于规模较小的企业，由于业务少，场景单一，就很难通过业务系统积累数据，数字化创新的难度自然也就比较大了。

■ 探索数据背后的规律

数据产生后，需要对数据进行分析。其实，任何企业都对数据分析存在巨大的需求，而这些需求最开始来源于管理者的经营决策。比方说，一家销售企业，管理者自然关心卖出了多少货，和上个月比较怎么样，哪个品种卖得好，哪个货卖贵了，等等。在企业配置了信息化设备之后，获取这些数据并不难。通过引入一系列的业务分析系统，可以很好地对这些数据进行业务分析，发现生产经营规律，然后根据市场因素及时地调整经营策略。

业务分析系统可以很好地帮助企业内部的管理者对经营数据进行分析，发现管理问题，让管理者进行“聪明”的决策。业务分析系统有不同的类型，比较正式的分析系统可以是集成了各种复杂数据查询和分析功能的大数据分析平台，也有一些是只针对特定管理部门的专项办公管理系统，而更为朴素的可能是 Excel。

分析系统属于离线系统，与生产系统互相独立，在企业的大后方。生产系统在前方打仗，分析系统在后面指挥，二者各司其职。

分析系统的数据组织形式与生产系统的不同，虽然数据都是存储在数据库中的，但是数据表的定义是不一样的。毕竟，生产系统是执行端的系统，而分析系统是决策端的系统。与业务系统不同，分析系统的数据是需要被人阅读和理解的，所以在数据的定义和规范上就得更加人性化，人们口中一直念叨的数据表，其实指的就是分析系统中的数据表。

需要特别说明的是，大数据分析平台作为后台系统，在系统层面有时会和前台系统自动关联起来。业务系统中的“机器表”，可以通过某种“元数据”规定好的方式，自动汇集整合，形成多维度的服务于人的“业务表”。接下来，分析人员和管理人员就可以按需自助取数，然后进行决策，这也就是我们经常听到的商务智能的概念。

其实，无论一个企业是否进行数字化转型，是否开展数字化业务，都会用到后台的分析系统。在传统模式下，分析系统是离线工作的，通过数据分析得出的业务结论，以及业务结论可能产生的经营活动的改变，大多会停留在原有的业务逻辑中，不会对业务流程本身产生“深刻”的影响。此时，分析系统只是辅助，本质上决策还是人作出的。人看了数据，知道怎么回事了，然后要么维持现状，要么提出意见，人为制定一些经营策略，调整一下业务布局，原有的业务模式不发生显著变化。

而在数字化的场景下，数据分析是直接支撑业务过程的，本身也是业务的一部分。数据分析挖掘出来的宝贵业务知识，可以通过规则、模型、函数等计算机可以理解的信息表示方式，被融合在系统代码里，通过自动执行代码为用户提供自动化、智能化的高级服务。

在这个过程中，数据分析不只帮助人了解情况，还帮助人发现更多的商业机会，计算机把这些“机会”直接嵌套在业务流程中，让更高级的业务过程自主执行，创造更大的价值。

在数字化的业务模式里，传统的大数据分析平台作为总体的经营决策工具仍然存在，但是对数据的应用，更多的则是强调精细的算法和模型，也就是用数据里的知识优化业务，或者基于原有的模式创造新的业务，服务更多的用户。数据分析虽然在后台进行，但最终还是会回归前台。

■ 创新即将实现，运用知识再出发

通过数据分析获得有价值的业务信息后，数字化就又回到了前台的业务应用。而此时的前台应用和最开始的前台应用相比，已经有了本质上的不同，即业务模式发生了根本的变化。数据给业务带来了新的改变。

在新的业务中，用到了从之前的数据中挖掘出来的知识，这些知识会成为新业务系统的一部分。这些业务知识可以告诉我们由不同业务场景可以得到什么结论，从而能提供什么技术服务，在软件系统层面，就是指在不同的给定条件下应该输出什么信息给用户。

例如，某个短视频平台积累了很多用户对视频的浏览、收藏和关注等行为数据。通过数据分析，平台方搭建了一个智能的技术模型，这个模型可以自动判断指定视频的主题类型。

当某个用户上传一个新的视频时，这个模型就可以“机智”地给视频打上主题标签，比如旅游、美食、健身、交友等。构建这个模型的过程，就属于数据分析工作的一部分。

但是，与传统的离线分析不太一样的地方在于，这个“打标签”功能的实现不是为了写报告，也不是为了做 PPT，而是要把这个数据分析能力“反哺”给前端用户，为他们提供更好的技术服务。

有了这个“打标签”的技术模型，开发者可以在 App 的升级改版中，加入新的功能，当用户上传自己的短视频作品时，App 能够自动给视频打上精准的业务标签，这样短视频就能很容易地被其他人搜索并访问到，用户上传内容的传播效果也就更好了。

在一些大企业里，很多小而精的数据团队钻研这些数字化的技术模型，设计能够给企业带来有效价值的新的服务模式。以前，这些技术团队只是给领导们打打下手，找点数据来验证领导的想法。而在数字化时代，数据团队变成了冲锋陷阵的得力干将，团队成员们富有激情地在数据上进行实验，把数据当作原料，设计自己的技术作品。在获得了足够聪明可靠的技术模型后，这些模型就会被选出来，更新到业务平台，发挥更大的商业价值。

在数字化企业中，每隔一段时间就会有新的、有趣的模型被发现，然后这些模型就会像“产品”一样，被上架消费。模型背后对应的业务逻辑和服务流程，自然也会对用户体验和市场环境产生影响，于是模型的“上架”就应该经过企业管理人员及产品经理的论证、把关和审核才可以被应用。毕竟，数据人员有时候和“市场”还是会存在一些距离的，容易犯一些“想当然”的错误，导致技术模型本身存在误导性，把业务带偏了。

对于数字化企业来说，在大多数情况下，一个业务系统或平台会同时支撑很多个技术模型的运转，用户在不同的功能场景下，会用到不同的智能服务模型。因此，数字化企业应该对技术模型提供统一、规范的管理，比如维护一个“模型清单”。

这个“模型清单”会记录哪个模型被用到了，从什么时间开始“上线服役”，什么时候“下线维修”，模型是哪个团队开发出来的，模型占用的硬件资源情况怎么样，模型有几个版本，现在用的是哪个版本，各个版本之间的功能有什么不一样，以及模型的运行状态是否正常。

数据的应用是数据资源在数字化过程中的“最后一棒”，也是真正创造价值的一个环节，要贴近业务应用，好用，并且能解决实际问题。数字化时代，数据的应用形式很多，有的仅靠软件应用就可以实现，而有的应用还得结合线下的“智能终端”设备作为物理载体，比如智能音箱、智能售卖机、智能生产线、智能汽车等。

物理世界中的商业活动产生的信息，以数据的形式进入虚拟世界，在虚拟世界中进行分析、加工，挖掘世界的本质规律，这个规律就是业务知识，然后这些知识再回到物理世界，改变物理世界。本质上看，所有的数据应用其实也就是这么一回事。

大数据分析平台可以为企业的经营决策提供多维度、多视角的自动化数据查询功能和综合信息挖掘功能，并且以丰富的大数据可视化功能，提供更好的信息展示，帮助管理人员更加方便地跟踪业务状态，快速定位经营产出变动的复杂因素。

第三节 知识与灵感来自关联

前面讲述了数据的生态，本节则主要介绍数据的价值到底来自哪里，以及如何看待数据和数据背后业务知识之间的关系。我们现在已经很清楚，数字化转型的核心思想，就是从数据中挖掘出有业务价值的知识，然后用这些知识来指导业务实践。那么，这里所说的知识，到底是什么呢？

知识的本质：万物之间的联系

单纯的业务概念不是知识，知识是事物之间的联系。例如那个经典的大数据例子——啤酒和尿布的故事，讲的就是消费者对啤酒和尿布两种产品的消费行为之间的联系。通过数据分析，企业的管理者可以发现很多经营活动中的业务规律，然后就知道该如何改进自身的业务了。例如：

“某个商品的销量和价格之间的联系是什么？”

“消费者关注的某个话题和对某个产品的消费意愿之间的联系是什么？”

“某人在某个区域内工作活动和这个人对周边美食兴趣之间的联系是什么？”

“某个生产环境的参数变化和某个零件出故障之间的联系是什么？”

“某个金融产品的历史表现与相关公司的基本信息和这个金融产品未来的价格走势之间的联系是什么？”

……

知识，具体来说，就是一件事情发生后能够告诉我们的关于另一件事情发生的信息。

例如，我发现了 A 事件的发生与 B 事件的发生有很大程度上的联系，这个 B 事件恰好就是我们关心的关键业务事件，包括“某个消费者是否购买某件产品”“某个手机用户是否会关注某个特定主题的短视频”“某个线上广告是否会被点击”等。当我下次遇到 A 事件的时候，我就知道可能 B 事件将会发生，于是就可以提前采取一些措施为 B 事件的发生作好准备。相应地，如果我希望 B 事件能够更多地发生，那么我可以努力创造作为前提条件的 A 事件。

这些关键事物之间的规律，是蕴含在企业的业务大数据中的，是可以通过总结分析发现的，比较“学术”的说法也叫作统计规律。我们要想总结获得这些规律，背后需要使用一些基于数学计算的统计分析方法，也就是我们常说的数据分析技术。

从纯技术的角度来说，数据分析又分为很多细分方法。

例如，以机器分析为主的方法，包括机器学习、深度学习、模式识别等；人和机器协同分析的方法，比如机器先根据数据绘制出统计图，分析人员再通过观察统计图的形状和趋势推理出数据背后的业务故事。

掌握了上面的这些数据之间的联系，企业的业务活动也就变得更有确定性、更加可控了，从而可以起到提升企业经营效率的作用。这些联系，也就是我们所说的有价值的业务知识，如果被人掌握了，那么这个人就可以把工作做得很“通透”。类似地，如果被机器掌握了，机器自然也会和人一样的聪明，知道什么时候该做什么，能自主地把某项工作完成得很好。

在数字化的模式中，这些知识很多会以“规则”的形式固定下来，类似于格式“如果……那么……”。这些规则会通过计算机程序进行编码，或者以某种特殊结构的数据存储在机器数据库中，通过信息编码的方式让机器掌握这个知识，然后计算机就知道在各种场景下如何把事情做得好，并且做得对。

现实中，人们通过长期的生产实践其实已经掌握了很多业务知识，但是更多的知识，人们还没有掌握。要么是这个行业比较新，业务人员接触到的情况还不够多，要么是业务逻辑太复杂，难以归纳出来。前者是事实的、显性的、已知的知识，而后者是蕴含在数据中的、隐性的、未知的知识。

前者的知识形态只需要专家人工梳理总结就可以了，这些知识本来就有，应该尽快地、全面地、彻底地利用起来。我们有时候也把这种数据叫作高价值密度的“知识型数据”。后者呢，则需要通过数据分析的技术手段来发现了，也就是用计算机算法自动或半自动地从海量大规模数据中提取、挖掘有价值的信息，探索有用的统计规律。

不管是现成的知识，还是通过数据分析发现的知识，都是数字化业务设计及业务实践落地的重要基础。知识就是力量，要把这些知识用好、用活，让企业充分掌握业务规律、产品规律、市场规律，以获得更强的竞争力。

既然知识就是数据中的规律，那么从发现知识的目的来看，应该如何判断数据是否有价值呢？为了更好地回答这个问题，这里需要抛出两个概念，一个是数据维度，另一个是数据规模。

■ 数据维度决定知识量

先来说说数据维度，数据维度就是指数据所描述的事物的方面，数据维度反映数据的全面性和丰富性。不妨用某个电商平台消费者的产品购买记录举个例子，假设有两种表格可以存储数据。

第一种表格的表头项目包括消费者 ID、消费者昵称、消费者购买产品类别、消费者购买产品数量，第二种表格的表头项目包括消费者 ID、消费者昵称、消费者购买产品类别、消费者购买产品数量、消费者购买时间、支付方式、是否参与优惠活动、优惠价格、送货地址、是否有加购行为。

第一种表格的表头项目包括 4 方面内容，第二种表格的表头项目包括 10 方面内容，第二种表格的表头项目更加丰富，并且涵盖了第一种表格的全部表头项目。可以说，第一种表格的数据维度是 4，第二种表格的数据维度是 10，第二种表格的数据维度大于第一种表格的数据维度。虽然两种表格都描述用户的购物行为数据，但是第二种表格的内容比第一种表格的内容更加丰富。

更高的数据维度，意味着更多数据关联的可能性。

在第一种表格中，我们可以分析不同消费者购买产品类型的关联关系，也可以分析每种产品类型和其销量之间的关联关系，但是在第二种表格中，除了这些关联关系，我们还能考虑支付方式和支付金额之间的关系，以及用户购买产品类型与数量和用户是否参加优惠活动之间的关系。在第二种表格中，我们可以挖掘出更多潜在的事物之间的关联关系。

从理论上来说，如果我们只考虑单个数据维度之间的相关性，那么在第一种表格中，有 6（4×3÷2）种可能的业务关联知识，而在第二种表格中，有 45（10×9÷2）种可能的业务关联知识。

通过数学估算可以发现，从数据中发现的潜在业务关联知识的个数与数据维度成正比。所以，高维度的数据所蕴含的知识内容，有着十分丰富的扩展空间。一般来说，数据的维度越大，知识含量就越高！

在企业的数字化实践中，为了有效地提高数据的维度，一种非常有效的技术手段，就是对数据进行融合。数据融合其实就是把多张数据表，关联成同一张数据表，目的就是把表变“宽”。

在对数据进行融合时，需要确定一个“锚点”，即数据的组织维度——应该按照什么业务主体进行融合。在实践中，业务主体可以是用户、产品、服务、场景、机构、平台或者地理区域等。因此，相应地，我们可以采用以用户为中心、以产品为中心或者以场景为中心的数据融合策略……

在以用户为中心的数据融合策略中，可以把用户的账号作为枢纽，将其交易数据、社交数据、活动数据、评论数据和客服咨询记录数据都融合到一起。通过这种方式，原先的 6 张小表被整合成一张大的“宽”表，数据的维度扩大了 6 倍，数字化的业务机会也因此大大增加。

另外，关于被融合的业务主体的核心数据，在企业里面也被称作主数据。由于业务主体的核心数据会与多张表进行关联，因此业务主体的核心数据就得保证相对稳定可靠，尽量不出问题，否则就会对很多业务数据的质量产生影响。

为了融合更多的数据，一方面需要对企业内的数据进行整合，找到不同场景下数据表之间基于业务主体的关联关系；另一方面也需要想办法“吸纳”更多的外部数据资源，以丰富业务主体的数据维度。

在“吸纳”外部数据资源方面，一种方法是采用网络爬虫技术，通过使用一些机器代码自动地“抓取”互联网上的公开信息；另一种方法是寻找其他的企业进行数据方面的合作，哪些企业有自己关心的业务主体的数据，就去哪些企业购买数据服务。在未来的数字化场景中，将会有越来越多的数据方面的合作，因此数据交易市场将会在数字经济时代非常繁荣。

■ 数据规模就是“说服力”

接下来，我们聊一聊数据规模的问题，数据规模的大小又与我们获得的业务知识有什么关系呢？

其实数据规模的概念很好理解，接着前面讲的例子，如果把数据存储在数据表中，那么数据规模就对应于数据表的行数。数据规模越大，一般来说数据的多样性也就越丰富，这是一个非常直接的好处。以购物的场景来解释的话，数据多样性是指，有人购买水果，有人购买家具，有人购买书籍……各种交易情景都会发生。

而如果所有人都购买家具，没有人购买其他类型的商品，就是数据多样性比较差的表现。在这种情况下，没有办法了解消费者购买其他类型商品的信息，通过数据分析得到的业务规律也就不太全面。

数据规模可以保证知识结论更加全面和完整，还可以保证得到的数据结论是更加可靠的。基于大量观测数据得到的统计规律，比只通过一两条相关信息得到的统计规律更加令人信服。

很多有价值的经验都是基于大量的观察总结出来的。相反，如果一个数据规律的背后没有一定规模的数据来支撑，那么这个规律就没有什么说服力，也许只是“偶然”因素导致的。

例如，通过一些特殊的经历，我发现只要气温升高，某只股票就会涨，这样的情况遇到过 3 次，于是我就“坚定地”认为气温和某只股票的价格存在正相关性。但实际上，我的观测样本非常少，从科学原理上来说，这两件事之间也许并没有什么关系。我如果相信了这个规律，天气一热就大胆地买入这只股票，结局可想而知。

很多数据分析技术，都会把数据规模当作分析结论可靠性的非常重要的评价因素。很多算法模型，包括机器学习模型和现在非常火爆的深度学习模型，只有从大规模数据中去获得，才能触及真正有价值的业务规律，这些模型也才能在真实的业务场景中表现得特别优秀。

为什么很多互联网大厂的数字化创新能力那么强呢？其实就是因为这些企业通过数据挖掘出来的业务知识足够可靠，然后这些业务知识支撑的服务质量也非常高，进而形成业务上的良性循环：更多的数据，更高的服务质量，更多的业务，然后是更多的数据……

在数据规模方面，企业的内部数据比外部数据更难获得。外部数据可以通过购买获得，而内部数据如果不足，就只能先增加业务量了。在这种情况下，企业不得不先发展业务，积累数据，然后才能开展有效的数字化创新，毕竟在数据量非常少的时候，即便强行推出一些模型，使用效果也可能会令人沮丧。

在数字经济模式下，大的平台型企业容易形成良性循环，而初创的小企业如果没有找准合适的发展路线，就有可能“陷入”冷启动困境，也就是陷入所谓的越没有数据，就越没有业务的“怪圈”。

为了突破初期的冷启动困境，小企业应该采取一些技巧策略，鼓励用户多参与系统的应用，通过在线活动提供更多有价值的业务数据，比如可以引入游戏策略、经济奖励策略，以及社交驱动策略等。

结合上面的讨论，可以这样讲，数据的维度和规模，同时决定了我们挖掘业务知识的潜力，数据的维度决定知识的可能性，数据的规模决定知识的质量。对于大数据的准确理解，其实就是指数据在维度和规模两方面双重的丰富性。数据只是维度多，或者只是规模大，都不是真正意义上的大数据。只有以获得有价值的业务知识为目标，我们才会知道应该追求什么样的优质数据内容。

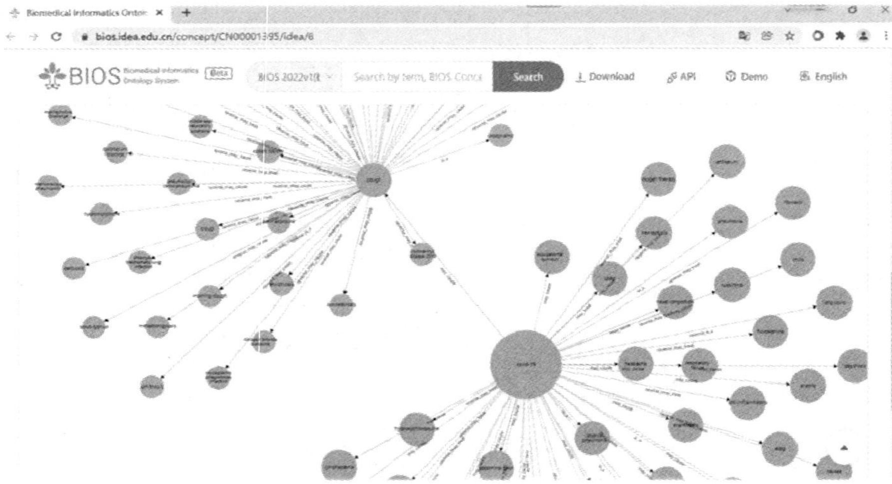

知识图谱是用来展示知识之间各种复杂关系的一种非常主流的信息表示形式，通过图检索和图计算可以支撑丰富的上层智能化应用，上图为COVID-19的知识图谱可视化展示效果。

第四节 别绕晕了，关于数据的数据

我们知道，数据是企业的核心资产，能够给企业带来价值。既然是资产，我们就要好好地对数据进行管理，这样才能更好地使用数据。在数据的管理工作中，最重要的一项就是对数据进行规范的定义和描述，说白了，就是弄清楚企业里所有重要数据的意思，做到“看得懂”“用得好”。

元数据，就是承担企业中数据管理和定义责任的最好角色。元数据又包括业务元数据和技术元数据。通过业务元数据，业务人员能够高效率地用好数据；通过技术元数据，开发人员知道怎么生产数据。

■ 技术元数据：机器交流的“转换器”

在《DAMA 数据管理知识体系指南》中，是这么解释元数据的：“元数据与数据的关系就像数据与自然界的关系，数据反映了真实世界的交易、事件、对象和关系，而元数据则反映了数据的交易、事件、对象和关系等。”

这么解释似乎有点晦涩难懂，其实简单讲，元数据就是描述数据的数据，好比字典，帮助人们解读数据到底是什么意思。其中，技术元数据就是给技术人员解释数据是什么意思的“字典”。

那么，技术人员在什么场合下会接触到数据呢？自然就是在系统开发的过程中了。几乎任何信息系统的开发，从技术方案上看，都会涉及数据存储的问题，而数据既可以存储到文件中，也可以存储到数据表中。不管数据以什么方式进行存储，都需要规定格式，也就是按照特定结构来组织信息，并且这个结构需要被计算机程序准确地识别和解读。

这个特殊结构就是我们所说的技术元数据。

信息系统的技术开发人员需要对数据结构进行定义，然后按照这个定义来设计并开发应用程序。这个结构能够让机器读懂存储在文件或数据表里的数据，而这个结构背后蕴含着的重要业务含义，则能够让应用程序很好地实现业务的自动化。

当数据存储到数据表中时，技术元数据是表头及表头的含义；而当数据存储到文件中时，技术元数据是文件中字符串的取值规范和排列结构。

开发人员在建设信息系统的时候，一般来说都会留有技术文档，并在技术文档中定义技术元数据。这样，当以后系统中的数据存储功能出现问题的时候，就知道应该怎么去排查和维护了。

技术元数据的另一个好处就是支持不同系统之间的互联互通，这个需求在系统建设过程中也很常见。例如，某企业有两个系统 1 和 2，系统 1 负责对交易订单进行管理，系统 2 负责对物流进行管理，用户如果想通过系统 1 查询货物的运输情况，系统 1 就需要发送一个物流信息查询的指令给系统 2，让系统 2 根据订单号对货物的位置信息进行查询，将结果返回给系统 1，再通过系统 1 反馈给用户。

在实践中，因为不同信息系统是由不同开发团队构建的，所以各系统在进行数据格式的定义时，也会形成不同的标准和风格。有了技术元数据，就知道系统 1 中数据表的表头与系统 2 中数据表的表头的对应关系了。

有了技术元数据，不同系统之间就能"读懂"对方生产出来的数据了。技术元数据很好地充当了不同系统之间的"转换器"，使信息在不同系统之间的传播畅通无阻。

技术元数据在定义数据"结构"的时候，要考虑支撑业务应用。因此，技术元数据是和具体业务概念的内涵"挂钩"的，换句话说，技术元数据本身反映了业务概念的基本信息。程序员开发一个程序，要和产品经理，甚至业务需求方去"撕扯"一番，不能胡乱设计。先有业务模型，然后基于业务模型设计数据存储的结构，并在数据存储结构中梳理清楚与业务流程的对应关系。

一般在分析业务数据的时候，我们通常只想分析 Excel 表，并不想分析系统后台数据库中那些看起来奇奇怪怪的数据表。

我们需要一种"机制"把系统中的技术数据表，转化为面向业务的 Excel

表，二者之间的对应得靠技术元数据实现。但是技术元数据的定义非常抽象，不好消化，这些难啃的骨头就得相对“固定”下来，比如构建可以让分析人员自助获取业务数据表的业务分析系统。

既然技术元数据定义了数据的业务含义，那么是不是可以说，有了技术元数据，我们就能用好数据，从数据中挖掘知识了呢？非也！

技术元数据本质上还是给开发人员编写代码用的，或者说，是帮助机器阅读数据的，而不是帮助业务人员理解数据的。

技术元数据更多的是描述计算机关心的数据信息，比如表名称、数据库目录、字段的数据类型、字段数据长度、字段是不是主键、字段是否为空、数据清洗规则、数据源信息、数据加密规则、数据嵌套规则等。老实说，这些可以帮助我们把软件开发好，但对数据分析的作用不大。

通过技术元数据，我们能获得业务流程中细粒度、基础的数据信息，但是对于更高层次、更复杂的业务概念的理解，并不在技术元数据的能力范围内。

技术元数据对数据描述的粒度过细，属于系统底层操作级别的，它并不关心数据之间的业务逻辑到底是怎样的。基于技术元数据，只能实现一些常用的基础业务数据的自动获取。

一般企业对技术元数据的应用和管理会更成熟一些，毕竟技术元数据最早是从“开发人员”圈子里流行起来的，而开发人员本身也对数据的规范意识更强一些。技术元数据解决了信息系统开发和基础数据需求的问题，而对于更高层次的数据需求，就得靠业务元数据来定义描述了。

■ 业务元数据：数据需求的“翻译官”

相比技术元数据，业务元数据在数字化转型中具有更高级的作用。如果说技术元数据描述的是数据与信息的关系，则业务元数据描述的是信息与知识的关系。业务元数据包含了企业核心业务的知识体系，让我们可以更好地知道数据能够给我们带来什么有用的业务知识。

一般来说，业务元数据定义了 3 方面的内容：业务数据模型、业务指标、业务标签。

随着企业信息化建设的深入，系统越来越多，业务概念也越来越多，企业内部的员工在交流业务问题的时候，需要对业务概念有一致的理解，否则沟通就很容易出现偏差。想必我们经常会遇到这样的场景，领导下达一个任务，大家都说懂了，但是最后做出来的却与领导的预期不符。背后的原因就是，虽然大家口头上说的是一个业务概念，但是理解的却完全不是一个东西。

在企业内部需要有一个统一的业务模型，这样大家才能在一个标准上展开沟通。对业务概念理解的不一致，会导致对数据理解的不一致，然后导致对同样的数据得出不一样的分析结论。很多企业的管理之所以混乱，就是这么来的：员工之间无法有效地相互交流，彼此产生误会，降低沟通效率，管理者容易对业务的发展情况判断错误，绩效考核的结果也会引发诸多的不满。

业务元数据的首要功能就是确定一个标准的业务模型，这个模型定义了各种重要的业务概念，以及业务概念之间的关系。对每个业务概念，业务元数据也规范了它的属性及属性的取值范围。这里的属性，其实就是技术元数据帮助我们从机器数据表中获得的最细粒度的业务数据。

技术元数据告诉我们如何根据数据表的结构获得最细粒度的业务属性数据，而业务元数据则告诉我们这些细粒度的业务属性数据之间是什么关系，以及业务属性数据彼此之间是怎么组织起来的。

例如，对于电商平台，业务元数据会告诉我们这里面有用户和产品两个业务概念，二者是通过消费关系联系在一起的。其中，用户是消费的主体，我们关心的用户属性信息有年龄、性别、昵称、注册时间、收货地址等；产品是消费的客体，我们关心的产品属性信息有类别、价格、优惠信息、质量、尺寸等；关于用户和产品之间的消费关系，也有很多核心属性，比如消费时间、消费数量、支付方式、支付金额等，这个消费关系其实也正是电商平台关心的核心业务活动。

除了消费活动，一个电商平台可能还有很多其他核心业务活动，比如预定、退货、投诉、评论、关注、收藏，以及成为会员等，而这些核心业务活动也会涉及很多其他的业务概念，包括商户、评论内容、订单、会员卡等。

通过设计多个业务概念，并定义业务概念之间的业务关系，就可以把这个电商活动的业务模型建立起来了。这个业务模型，是企业内部的业务规划和决策的基础，同时也是企业中数据组织和数据应用的基础。

其实业务模型也是信息系统开发的基础，技术元数据是基于业务模型定义的，只是很多企业在早期忙于系统的开发迭代，虽然在系统需求分析与设计的时候充分融入了业务模型的思想，但是并没有把不同系统背后的业务模型集中地整合起来。业务元数据实现了业务模型的整合，从信息层次上看，业务模型源于系统级的数据组织结构，并支撑上层的业务级数据应用。

基于业务元数据，企业内部还会定义一些具体的业务指标，这些业务指标可以帮助我们更好地分析业务现状，提供有价值的业务信息，同时也支持企业内部人员考核方面的工作。

业务指标是更高级的数据形态，这些指标通常是业务专家基于历史经验总结的，能够对企业的各种业务起到管理跟踪的作用。企业在开展业务的时候，通常都会用到很多的业务指标，但是对业务指标的使用可能并不规范。

对于同一个业务活动或业务状态，不同部门、团队，以及分析人员，可能会用不同的业务指标来描述，这就很容易导致高级的管理层对业务现状的理解产生迷惑。于是，有必要采用元数据对业务指标进行规范管理，统一定义每个业务指标的计算方法和适用的应用场景。

每个业务指标背后都有一个计算标准，也就是指标数据的计算公式。业务指标提供了数据标准化的使用规范，在一些企业里面，业务指标的计算方法，有时候也叫作业务统计口径。

例如消费力就是一个经典的业务指标，我们可以将其定义为一个用户在最近一年内购买的全部产品的总金额。基于这个公式，只要我们有每个用户的全部历史消费记录，就可以自动计算出他的消费力水平。这个定义背后当然是有一套合理的业务逻辑的，或者是被企业内部证明过具有足够的可靠性的。

此外，业务指标之间也是有逻辑关系的。例如，指标之间可能存在主题分组的关系，也可能存在层次关系，企业内部的业务指标共同构成了指标体系。基于这个指标体系，企业内部人员能够更好地共享业务知识，全面理解企业的核心业务活动，充分“盘活”企业内部的数据资产，促进企业内部数据的准确应用和数字化业务的创新。

指标体系在用于业务分析，指导企业经营决策的场景中比较常见，而如果面向数字化服务设计，则更多地依赖于业务标签。

例如，我们在对消费者进行细分管理的时候，结合消费者的购物偏好、收入水平、职业、性别，以及年龄等综合信息，可以构建“爱打扮”“学生党”“高端人士”“宅男”“商务人士”之类的个性化用户标签。每个标签背后都有具体、统一的业务含义，代表某类人群可能感兴趣的产品和服务。通过给消费者打上这些标签，可以准确地向消费者进行购物内容推送。

针对每个特定的业务需求，都可以构建一系列的标签来支持。于是类似地，我们其实也需要一套能够描述、定义、规范业务标签的业务元数据。这些业务元数据可以告诉我们标签的含义、主题类型、适用范围、修饰对象、建立者、业务上线状态，以及给数据打标签的规则。

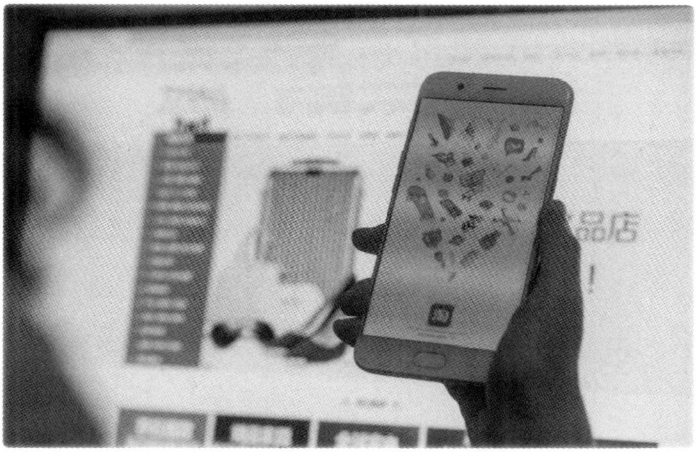

淘宝精准的商品推荐背后是大量信息的挖掘与分析，实现了对用户的精准画像，每个画像标签都依赖于围绕元数据的规范化定义。基于这些标签信息定点投放广告和宣传页，可极大地提高客户的购买率和复购率。

第四章

数字化建设：构筑核心竞争力

前面我们聊了很多数字化转型的设计与规划问题，本章我们则要讨论一下数字化建设的相关问题，也就是具体的技术落地应该如何展开。对于大多数企业的数字化转型，我们都需要进行系统建设，也就是通过构建一些信息系统实现这些“高科技”的想法。

提到数字化转型，中台通常是绕不过去的话题，尤其对于大企业来说，建设中台几乎等价于数字化转型，甚至成为大企业转型的“抄作业”模板。通过构建一个中台，我们可以对数据及基于数据的一系列服务进行系统性的集成，从而有效地提升企业整体的数据创新能力。

然而，很多企业即使引入了中台，最终也没有得到很好的收益成效。那么问题到底出在哪里呢？中台真的是数字化转型的必答题吗？

我们在开始之前，先讲个简约版的大厂中台故事。

众所周知，京东平台的服务众多，这里面最为有名的是京东购物和京东白条，分别由两个部门进行管理。在传统的金融体系中，消费者每月的月底才需要对信用卡还款。如果消费者的还款记录出现了异常，那么信用卡部门可能在3～5 个月的连续逾期后，才会发现消费者在还款能力方面存在问题，这时会通过提高滞纳金或降低信用额度的方式对消费者进行一些实际惩罚。

其实，京东可以更加“精明”地应对消费者的消费和还款行为。

例如，京东的白条部门通过分析交易记录，不仅知道消费者赊账的部分什么时候能还上，还可以从购物记录中实时知道消费者每月大概几号会清空购物车；而对于京东的购物部门，如果发现消费者去年“双 11”消费了 1000 元，而今年“双 11”消费了 5000 元，就会“猜”到消费者今年可能涨工资了，这个时候，对于具有同一功能的产品，系统可能会推送更高端的品牌。

以上这些是如何实现的？当然是数据中台在发挥作用！

其中，京东购物获取的消费习惯是一组数据，京东白条获取的信用记录是另一组数据，这两组数据有大量的重合，并且有大量的数据分析需求彼此共享，包括消费水平、信用记录，以及清空购物车的习惯。

那么对于京东的这两个部门来说，把这些数据的收集和分析工作都放在一个平台上，大家共享，岂不是很好的主意？省空间、省人力，也许还能挖掘出更有趣的市场规律。这个平台基本上就是数据中台的雏形了。

本章我们将会对中台的核心概念进行深入剖析，揭开中台的神秘面纱。我们会讨论：中台作为部门和行业间具有共享能力的高级数据分析工具到底是怎么演化出来的；中台在如此庞大的业务体系中持续高效地挖掘有价值的信息又是怎么做到的；基于中台和所有不同形式数据处理方法的诸多业务创新，最终在业务上又是如何落地，帮助企业管理运营的。

第一节 玩转中台：创新与效率兼顾

谈到数字化转型的信息系统建设，就不能不提到中台这个概念。这两年，随着企业数字化概念的爆火，中台也随之被人熟知！很多人说，数字化就是中台建设，也有不少人说，没有中台的数字化就是假数字化。这些言论，足以说明中台对企业数字化转型的重要性。

那么，中台到底是什么呢？中台又是如何提高企业的创新力和执行力的呢？它背后的核心设计思想又是什么呢？

■ 中台：不只是前台与后台的桥梁

在介绍中台之前，要先介绍一下前台和后台分别是什么。

前台、中台、后台都指的是公司内部的信息系统。在没有中台的时代，前台是指面向用户的业务应用系统，比如电商公司的购物平台、积分平台、支付平台，以及客服平台；而后台是指面向公司内部人员使用的系统，比如财务管理系统、库存管理系统、人力资源系统，还有办公自动化系统（OA 系统）等。

前台系统和后台系统的工作职能是完全不一样的，采用的是两套完全平行的价值评判体系：前台系统面对的是外部充满不确定性的竞争市场，用户的需求每天都变，所以前台系统的功能也要被动地跟着改变；而后台系统面对的是企业内部的职工用户，追求的是多快好省，一种软件用惯了，一辈子都不想换。

从系统开发建设的角度看，公司前台系统要“灵巧柔韧”，能随时应对业务变化；后台系统要“稳健清晰”，同时应尽量避免员工之间因为责任不清而扯皮吵架。这么来讲的话，前台和后台之间的关系就显得比较割裂，毕竟在系统建设的时候就是分别建的，彼此之间根本就没有太多的关联。

在很多数字化任务中，很多企业又会专门在前台的生产系统和后台的分析系统之间，规划并建设一个处于中间层的“桥梁”系统。这个“桥梁”系统，就是我们常常提到的中台。

需要注意的是，这个“桥梁”的出现只是一个偶然事件，中台其实是在前台系统建设的特殊需求驱动下产生的，并非专门为了实现前台和后台之间的连接而创建的。

中台的核心设计思想在于技术的共享，这里的共享又包括两方面的意思：一是软件功能的共享；二是数据的共享。前者对应的是业务中台，后者对应的是数据中台。也就是说，一般企业在数字化建设时提到的中台，是有业务中台和数据中台两方面意思的，是一个“双中台”的技术架构。

业务中台：执行力的发动机

业务中台的本质是，把不同前台业务信息系统中的公共部分抽调出来，当未来再进行系统开发时，就不用“重造轮子”了。

这个公共的部分就是企业信息建设的基础设施，这个基础设施越厚实，企业的系统开发执行力也就越强。业务中台是企业信息化建设的产物，是随着企业信息系统建设需求的增多，由广大聪明的程序员“创新”出来的高效率系统开发模式。

例如，某资深程序员A先开发了一个团购拼单系统，这个系统涉及一个查询商品订单的功能模块。两年后，A又跟进了一个新项目，开发一个自营的外卖平台，这个平台也有一个查询商品订单的功能模块。A突然发现，两个模块的实际内核是完全一样的，如果从底层开始重新写代码，则会产生大量的重复工作，降低工作效率。于是业务中台的需求出现了。A完全可以把团购拼单系统中的相关代码进行标准化，封装打包，集中管理，直接整体用到外卖平台上。未来在开发新程序的时候，也可以继续用“拼乐高”的模式来进行，这样给项目的整体推进节省了大量时间和人力。

毕竟，当今市场的变化确实太快了，如果每次在拓展一个新业务的时候，信息建设都要从头做，没有“地基”支撑，就会非常慢，跟不上市场变化的节奏。而在构建了业务中台的基础上，任何功能只需要在中台的基础模块上稍微扩展一下，就可以马上建成一个新的系统应用，这个扩展出来的定制化的业务系统就是前面提到的“前台”系统。

业务中台中集成了各种各样前端开发项目中经常用到的功能模块，比如查询订单、语言翻译、语音转文字、下载PDF文档、分享图文信息……

新需求来了？那么就赶紧到业务中台中找找有没有合适的现成软件功能模块。业务中台完全是为了“效率”出现的。业务中台，让“程序猿”升级为程序员。

其实，业务中台在数字化提出来之前，就有很广泛的业内实践了。因为建设这个大平台，不仅针对进行数字化的技术能力，而且针对任何通过信息系统的服务，不管是对内还是对外。在软件开发行业，无论是早期的SOA（面向服务的架构），还是近些年流行起来的微服务架构，其实都是为了实现业务中台的效果。

中台的设计思想很巧妙，有了中台，企业信息化建设的机动性和灵活性就会变得非常强。然而，在数字经济时代，除了要强调信息建设的效率，还要突出数据应用的效率。因此，企业不仅需要业务中台，还需要数据中台来配合。企业既要通过业务中台发挥业务落地的执行力，也要通过数据中台发挥业务发展的创新力。

■ 数据中台：创新力的知识库

在数字化转型时代，很多企业借鉴了业务中台的思想，又提出了数据中台的概念。既然数据被集中管理起来了，那么能不能为已经被集中管理的数据构建一个大平台呢？

数据中台不是共享功能模块，而是共享数据。

数据就是信息，信息就是知识。一个人要想长见识，就得多聊天、多沟通，一个系统要想变“聪明”，也是相似的道理。如果说，企业的前台系统之间能够在数据层面打通，数据彼此开放，互联互通，那么构建一个企业级的“最强大脑”，岂不美哉？

对于大企业来说，日常有相当多的前台应用系统不断产生大量的数据。这些系统原本都是对应不同业务线分别开发的，比如线上业务、线下业务、本土业务、境外业务、各省分公司业务、娱乐版块业务、公益版块业务、金融业务、物流业务……

这些前台系统在开展具体业务时，都会留下不少非常宝贵的数据资产。而只有当这些分散在不同前台系统的数据互相关联起来，产生“化学反应”时，才能够真正充分地把潜藏在数据里的能量释放出来，转化为创新力。

在这个大平台上，那些需要经常使用的数据分析模块，会以“服务”的形式被开发，并且“注册”到这个平台上，然后被当作企业的资产进行管理。通过赋予数据服务具体的业务含义，平台把数据资源“盘活”。以前，只有专业的技术人员才能比较方便地获取数据；现在，在数据中台上业务人员使用数据也是非常方便的，几乎没有任何技术门槛。数据中台让业务人员对数据的使用更有参与感，这极大地促进了从数据中“榨出”业务的价值。

有了数据中台，不管是前台的业务人员，还是中台的分析人员，都可以在已有的数据服务上，更加快速地组合、优化、设计，衍生出新的、更加“有趣”的数据产品来，比如一项新的在线业务或一份有价值的分析报告。

就像前面我们一直强调的，数字化转型的目标在于创新，创新来自知识，而知识的精髓在于关联。数据中台，就是要解决数据关联的业务痛点！

在数字化转型之前，企业的数据是分散的，任何人都可以在自己的“小后台”另起炉灶，分析出点什么，然后找相应的开发人员，提取数据，构建模型，从头实现一个新的前台业务系统。这种“创新模式”既狭隘，又低效。

在数字化转型之后，数据变成集中的、开放的形式，大家在一个公共的大池子里玩数据。一方面，人们探索数据的空间变大了，可以玩出更多的花样；另一方面，更多对计算机领域相对外行的“业务专家”也参与进来了，加入数据创新的游戏中，他们在很多场合完全可以自助地应用数据、探索数据。

数据好用了，才会有更多的人愿意用它，一切新事物的推广都要以人为本，方便于人！

有了数据中台，数据共享了，数据和数据成果也就具备了跨系统和跨业务的能力。这样，在面对市场需求频繁变化，需要不断升级改造前台在线应用的时候，采用从中台到前台的建设模式，显然比从后台到前台的建设模式要先进、快捷。

数字化转型活动，在技术方面，一定要有中台建设的思想，尤其对于大企业来说，忽略了中台资源，就没法形成合力，白白浪费了自身规模带来的数据能力优势。

讲了这么多，结论是什么呢？当然是中台很重要！

要把中台建设当作企业战略级的事情来做，而其成败，则在于公司领导的组织推动能力，以及技术落地时业务部门和技术部门的密切配合——在前期已经精细化、标准化的数据治理工作的基础上，构建数据中台会更加顺畅有效。

尽管上面这些都没错，但是这里还有一个非常容易被忽视的问题，那就是从现实角度看，中台其实只是大企业的“专利”。

中台的建设花钱又耗精力，前期对数据管理方面的规划工作也需要进行规模很大的铺垫。然而，中台策略只对业务线复杂、产品服务体系庞大的企业才具有显著效果。中小企业盲目上中台项目，大多数就只做了个皮毛，形式大于内容，甚至可能因为中台项目太花钱而把主业务给拖垮了。

从中台的产生过程来看，中台的落地成功在于先整合再创新。如果一个企业连前台系统都没有几个，用户也没有多少，数据积累也不多，那么其实也没什么内容好整合的。

中小企业做数字化业务，当务之急是把前台系统开发好，努力提升用户体验，留住用户，积累数据，同时修炼“内功”。在这个过程中，如果有精力，可以考虑一下数据管理和代码管理的规范工作，为以后中台的落地实施打好基础。毕竟，中台只解决 1 到 100 的问题，但不解决 0 到 1 的问题。

2018—2019 年，小米按照业务板块重新做了部门规划，从此前的大锅饭模式，变成了多个独立互联网事业部的全新组织结构模式。自此，小米内部的责任制和考核单元范围都变小了，同时也变得更精细，每个团队始终保持创业者拼市场的心态，这为未来小米企业文化的快速扩张奠定了坚实基础。

2020 年，小米对组织结构再次做出了调整，除团队激励外，还对企业整体的转型工作进行了长远规划。

为了提升整个企业组织结构上的速度和效率，小米新设立了三个一级部门：软件与体验部、互联网业务部、业务中台部。小米除对单个运行单元提出更高的要求外，还对每个部门的职责目标，以及在整个企业中所承担的角色和价值提出了更明确的期待并进行了展望。

软件与体验部整合了从前与“体验”这一诉求紧密相关的若干个小部门，在此基础之上，还加入了电视部、笔记本电脑部，以及带屏音箱、相册、云、账号和负一屏等与核心体验业务相关的部分业务线；相比传统业务部门承担的服务内容，新的互联网业务部还负责商业推广，以及广告销售等方面的工作；而业务中台部，则是小米数字化转型的重要部门，负责建设数据资产，实现集团的数字化运营和管理，并以此提升企业的整体运营效率。

软件与体验部能够获得用户体验数据，互联网业务部能够获得市场反馈数据，将这些数据汇总到业务中台部，能够激发出非常强大的市场能力。无论是面向 C 端的智能终端业务，还是面向 B 端的 AIot 业务，都能做到精准面向市场需求，快速反应，机动布局，极大地满足了用户灵活而富于个性化的智能服务体验需求。

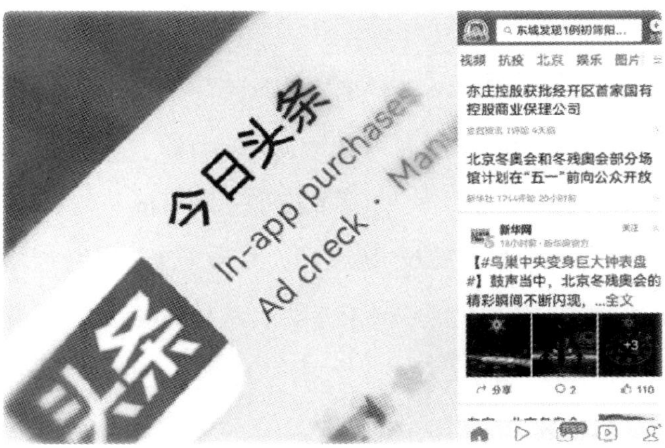

今日头条面向亿级用户规模的强大内容信息推荐服务，依托于数据中台对海量用户在线行为数据的存储和分析能力。随着用户对 App 的不断使用，推荐算法的性能将会越来越好，持续提升用户对平台的使用体验。

第二节 技术要落地：打造数据核心价值

前面一节主要介绍了中台在数据开放和数据能力输出方面的内容，本节我们来讨论一下，数据中台是如何解决数据内容问题的。例如，中台应该具有哪些核心的信息处理功能，用户到底应该如何正确地使用中台。我们将从数据获取、数据管理及模型设计这几个方面展开详细介绍。

■ 数据获取：巧妇难为无米之炊

“巧妇难为无米之炊”，数据中台要想实现更多的数据关联，就要集成不同来源的数据，这已经成为业内重要的共识。一般的数据中台系统在功能设计的时候，就会考虑企业数据获取能力方面的需求。

数据获取其实有两个意思：一是直接采集原始的数据，二是对已经被采集的数据进行集成汇总。也就是说，我们要先从外部环境中获取数据，以不同的形式编码并记录下来，然后把不同来源的数据进行统一的组织和存储。

华为，是业内在数据治理和中台建设方面都非常成功的企业，也是大数据体系建设的行业标杆。在华为的技术体系里，数据采集一般会被称作数据感知，即通过各种机器设备，如软件系统或传感器，从外部环境中直接感知信息，然后以数据的形态把信息沉淀下来。

数据感知又包括软感知和硬感知。

软感知采集的数据本身就存在于数字世界，典型的方法有埋点、爬虫和日志等。

埋点有时也叫作 SDK 埋点，通过在软件项目中添加一些特殊的代码来采集用户对系统的操作行为数据。这些数据蕴含着重要的用户信息，如用户对网站上的哪些栏目感兴趣，用户的哪些行为预示着他可能会购买某个商品，以及不同特征、类型用户的软件使用习惯。

在软件上进行埋点是有针对性的。分析人员关心用户的哪些操作，就在哪些操作对应的“事件”位置进行埋点。其实埋点特别类似于工业生产环境中的传感器，只要放在特定的位置，就能持续不断地采集我们关心的用户数据。

很多企业会为埋点这件事专门引入一个埋点分析系统。一方面，分析人员可以通过埋点分析系统对埋点代码进行快速配置；另一方面，在系统提供的数据看板上，分析人员也可以对数据的采集结果进行综合分析。

对于爬虫，我们并不陌生，它是批量地从互联网上获取数据的技术。爬虫对信息的采集没有埋点技术那么“功利”，爬虫获取的数据看起来与业务的相关性可能并不是那么强。

一般互联网上的公开数据属于企业外部数据，这些数据五花八门，覆盖面广，“貌似”还蕴含着不少有用的信息。这些数据的量非常大而且免费，如果能把这些数据深入挖掘并充分利用，那么或许可以为企业的业务创新带来不少技术助力。

例如，很多金融公司在进行金融投资决策的时候，非常关注互联网平台公开的市场信息，通过对特定主题的论坛、门户网站、自媒体账号上的数据进行采集和快速量化分析，可以对大众对某项金融资产的市场情绪进行准确的把握，从而准确判断金融资产定价的未来走势。已有的一些实践表明，引入开源数据，相比于仅分析行业历史交易数据，会有更高概率获得“满意的”投资效益。

日志和埋点有点像，记录对软件系统使用方面的一些信息。与埋点不同，日志是从系统的视角来采集信息的，日志就像日记一样记录了系统在不同时刻的状态、经历。

日志机制早在系统建设的时候就考虑进去了，一般规范的系统开发项目，都会有日志的功能，否则一旦系统出了问题就没法修复。从信息系统运维和持续的开发优化角度看，日志是非常必要的数据感知能力。近些年，一些分析人员，也开始摸索从日志中“挖掘”有趣的商业机会的方法。

硬感知涉及条形码、二维码、磁卡、RFID、OCR/ICR、图像数据采集、音频数据采集、视频数据采集、工业传感器，以及其他工业设备等。很明显，这些设备或技术，直接采集物理世界的信息并转化为数字世界的信息。

这里需要特别说明的是，近年来在 AI 领域比较火的技术有 OCR/ICR 及图像、音频、视频采集技术。

OCR 技术可以把纸面上打印出来的文字通过电子设备直接识别，然后录入计算机设备中。例如，把一个打印好的报告材料扫描成可以编辑的 Word 文档。OCR 技术实际上加快了传统企业在数字化转型中文件数字化的进程，很多纸质的材料都可以通过这种方式快速存储到数据库中，进行系统、规范的维护和管理。ICR 技术是 OCR 技术的升级版，能够降低文字识别的错误率，提高文字识别的完整性，里面嵌入了很多高级的文本分析算法模型。

图像、音频、视频数据采集技术其实包括两个关键的步骤：一是从外部环境中直接采集信号，并以图像、音频、视频等文件形式对这些信号进行组织存储，如可以用麦克风、摄像头等设备自动采集数据；二是从这些数据文件中解析出有价值的“内容”，将其转化成结构化的、可被计算机“理解”并计算的信息，这个步骤也叫作数据特征提取。

依靠计算机视觉技术（Computer Vision，CV），可以从图片中自动发现特定的人脸、支票、障碍物，以及车牌号等业务目标；依靠自动语音识别技术（Automatic Speech Recognition，ASR）可以把一段语音自动转译成可理解的文字，帮助人们在不方便听语音的时候也能够及时获取消息，同时也促进了非文本数据与文本数据的无缝对接、融合关联。

硬感知是支撑企业从外部环境中获取数据的基础能力，可以从环境中获得有关业务的重要一手数据。在很多情况下，提高硬感知能力需要对企业底层的信息技术架构进行全面升级改造，是一项耗费资金的大工程。

在数据感知之后，要进入数据集成环节。数据感知解决的是数据的增量问题，数据集成解决的是数据的分配问题。

对数据进行集成，就是把前台业务系统中的事务数据，以及其他数据仓库中的历史数据，以特定的格式进行转换并批量导入数据中台，以信息集成的方式打破数据资源之间的“墙”。

数据集成的方式有很多，大致有 5 种技术手段，包括批量集成、数据复制同步、消息集成、流集成，以及数据虚拟化，这些技术手段都依赖专门的技术组件实现数据的“搬家”。

在选择数据集成的方式时，一方面要考虑数据更新的频率，另一方面也要考虑每次要更新数据的规模，这两方面有时只能顾及一面，否则数据就会“搬不动”。因此，数据集成方式的选择，要结合业务实际情况，充分讨论后决定。

■ 数据管理：盘点“我的”数据资产

前面在聊到数字化体系的时候，其实就已经讲了很多关于数据管理方面的内容了。数据要管得好才能用得好。因此，在系统建设层面，也需要面向数据管理工作构建相应的系统功能模块，将其包含在数据中台的建设之中。

数据管理是为了帮助数据消费者，也就是使用数据进行创新的业务人员，更好地找到数据，发现数据的价值。

例如，数据中台经常会提供一个数据清单，帮助使用中台的用户了解到底有哪些数据被集成到中台，以及这些数据应该怎么用。这个清单一般会包括 3 部分内容，它们分别是数据类目、标签类目，以及数据服务类目。

通过数据类目，用户可以盘点中台集成的所有数据资源，了解企业的综合数据能力。数据类目的信息需要通过数据的注册环节获得，数据从其他业务系统进入中台或从一些外部环境进入中台时，都要进行注册。这个操作有点像新生入学的登记手续，如果不进行数据注册，数据进来了没有记录，就会导致数据完全用不起来。

那么在对数据进行注册的时候，我们应该讲清楚哪些事呢？

首先，要讲清楚数据是怎么来的，即讲清楚数据是从其他系统集成的，还是直接从外部环境中采集的。如果是从其他系统集成的，那么得说清楚是哪个系统，并细化到数据库、数据表。

其次，要讲清楚数据归谁管。谁引进的数据谁来负责，这个负责人有时也叫作数据 Owner。这里的负责人一般不是某个具体的人，而是企业里的分支机构或部门。例如，销售数据由市场部门负责；产品数据由产品部门负责；技术参数数据由研发部门负责；经费开支数据由财务部门负责；如果涉及跨省市、跨国的业务，那么相关数据还可能由该地区的分公司或分支机构来负责。注册这方面信息的目的就是保证当数据管理和数据使用的任何环节出现问题的时候都能找到对的人来管。当然，如果从数据上产生了经济收益，那么这个数据 Owner 也是优先的“受益人”。

最后，就是要讲清楚数据是什么，也就是数据标准。这方面的信息是给数据使用者来看的，因此需要对数据业务进行定义。例如，需要定义数据的主题分类、数据的业务属性、数据的应用范围、数据的编码规则、数据的存储格式、数据的取值要求等。

回想一下我们前面提到的元数据，不就是做这件事的吗？总而言之，数据标准就是关于数据的说明书或字典，业务人员通过查阅“字典”，可以知道这个数据是否有用，以及用法。

数据标准中的主题分类可以帮助我们很方便地对数据源进行查询，找到可能需要的数据资源。这个过程和在图书馆找书一样，因为每本书都采用统一的标签框架进行了编码，因此比直接通过书名去查询要便利很多。类似地，在数据中台的管理界面中，数据源的项目也可以组织成一个“标签树”，分门别类地进行管理，沿着这个树状框架，可以逐层对企业的数据源进行探索，直到找到可能满足我们数据分析或数据应用需求的宝贵数据资源。

除了前面提到的几个方面，在数据中台中对数据资源进行注册的环节里，还需要对数据安全和数据质量方面的信息进行定义。数据安全是数据管理中非常重要的一个课题，很多企业因为数据安全这件事没做好，最后产生了很大的经济损失，甚至名誉损失。

在具体操作层面，每个数据源都有合理的使用范围。数据是要考虑隐私性的，不能谁都可以访问，谁都可以操作。该看到数据的人要能够找到，不该看到数据的人就一定不能让他接触到这个数据。

数据中台建设的目的是促进数据的开放和共享，在业务创新的同时，开放和共享是有条件限制的，否则就会出乱子。

因为中台里的数据最终是要拿出来用的，很多数据最终也会对接到前端的业务应用中。如果一些敏感的数据被企业 C 端用户接触到，或者被数据所赋能的一些其他行业 B 端企业采集到，那么很容易出现业务违规或法律违规的问题。

在这种情况下，就得对每个数据源的安全和隐私要求进行定义，要具体到相应的信息安全等级，保证在设计前端业务应用的时候，如果涉及相关的数据，则会针对不同的信息安全等级采用不同的保护方式。

例如，在社交平台上，我给你“推送”一个你可能认识的好友，但是我并不会告诉你，我是通过平台数据知道了你们来自同一所学校，他可能和你有一样的爱好，甚至有跟你去过同一家餐厅吃饭的行程记录。这就是算法模型的魅力，通过模型把“显性”的数据给隐藏起来了，用户关心的是数据计算的结果，而不是阅读数据本身。如果真的有一个用户关心数据本身，那么其很可能“居心不良”。

模型设计：从数据中“压榨”知识

把显性的数据“压缩”到模型中，可以把数据保护起来，保证数据使用的安全性，而且更加有意义的是，模型本身使数据在前端应用的执行方面变得非常高效。

我们在聊数字化的时候，常常提起模型，那么模型到底是什么呢？其实，模型就是压缩过的数据。

我们使用数据，除了满足一些查询需求，更多的是要用到数据里面蕴含的业务知识。我们根据具体的应用目标，如预测某个用户购买商品的喜好，某个用户是否有成为VIP会员的意愿，某股票的未来涨跌情况等，从已有的历史数据中通过数据分析算法自动提炼出相关的知识。然后，这些知识就以“模型”的方式被固化和沉淀下来，服务于未来的业务应用。

当我们遇到“新的”业务问题时，只要使用这个“模型”，就可以估测出我们感兴趣的“业务标签”。我们给机器输入已知的条件信息，机器就能够帮我们预测未知的关键信息。有了模型，我们就不用重复地关联过去与当前的信息，进行各种类比分析了，所有关于过去的宝贵经验，都已经蕴含在模型里了。

一个企业如果能提供一系列“高级”的数据分析工具，帮助业务专家从数据中挖掘出真正有价值的业务知识，那么这个企业也必定是数字化转型方面有先发优势的“佼佼者”。

从数据中提炼模型是一项非常“技术性的”工作。现在AI领域的热门技术，比如机器学习、深度学习、强化学习，其实都是在做这件事。以前总结业务规律是靠人来观察分析的，这些工作都是业务专家人工看数据产生的“灵感”。而现在，因为数据量越来越大了，数据的“维度”也越来越广，业务专家根本看不过来这么多的数据。这就需要借助一些计算机技术，让机器能够自动地从数据中“挖”知识。因此，业务专家需要具备一定的编程方面的技术能力。

然而，现实情况是，一个人的技术能力越强，往往业务能力就会越弱，很难两方面都精通。很多编写代码能力很强的数据分析师，并不是业务出身的，对业务逻辑的理解也不深刻，这就会导致数据分析结果及数据创新应用远离群众、不接地气。

因此，我们必须降低业务人员参与数据分析的技术门槛！以业务专家为中心，鼓励他们更容易地进行数据应用与创新。

为了更好地把计算机的数据处理能力注入业务分析中，现在出现了很多简易的“编程语言”，比如 Python，其能够非常简单地在代码层实现数据分析的功能需求。现在很多企业都要求员工具备一些 Python 语言基础，不管是业务人员还是技术人员，这是为了提升员工的普遍技术能力，提升团队的整体数据素养。

正是基于这样的客观需求，在一些数据中台的建设中，通常还会构建模型的实验环境。在这个实验环境里，用户可以从各个角度去探索数据，构建出各种各样的、有趣的业务应用模型。就像上面提到的，“做实验”的过程不能太复杂，不能太难上手。如果门槛太高，只有少数技术大牛参与，而这些技术大牛可能还不太懂业务，那么就不能有效地发挥数据的潜力。

我们的目的是实现数据的普惠效果，数据应用不是企业少数人的专利，如果企业内人人都能懂数据，人人都能方便地探索数据的价值，那么将会形成一种很好的创新氛围。

上面提到的实验环境，一方面可以把所有常用的编程环境都搭建好，另一方面也提供一些“模块化”的数据分析方法来支持模型的快速设计和构建。

高手可以直接操作代码来训练模型，一般用户也可以通过“拖拉拽”的方式搭建自己的模型。每个用户的数据实验环境在系统层面彼此隔离，形成“数据沙盒”，互不影响，直到玩出了好的数据结果，再提交到前端业务系统集成，广泛地普及应用。

数据中台会对数据进行管理，也会对数据模型进行管理。因此，有些企业中台，也会维护一个模型清单，清楚地记录所有“开发”出来的模型，详细记录每个模型的创建者、所依赖的数据库、适用的业务场景、使用时需要注意的事项，以及模型是否已经被共享或上线应用。

数据从获取到管理，再到形成模型被应用，几乎是所有数字化业务的标准价值转化流程。这个过程就和做菜一样，先获取原材料，再切菜、准备，最后炒菜上桌。按照这个思路来构建数据中台，我们得到的数据功能就会更加完备，也能更好地满足前端数据的应用需求。

该图是位于北京后厂村的百度园区。百度具有非常强的数据采集能力和数据分析能力。基于大数据分析，其推出了百度指数等一系列数字产品，用于解读各种热点话题，服务于政府机关和媒体行业。

第三节 理想如何才能实现

前面讨论了很多企业构建数字化基础能力的问题，比如制定数据管理措施，梳理数据应用标准，构建数据管理和服务系统，等等。打好了这些“地基”，接下来，就该考虑怎么充分利用数据进行数字化创新了。本节我们就聊一下如何利用数据解决现实中的业务需求问题。

通过对上百个数字化业务案例的调研总结，我们发现从底层业务逻辑上看，基于数据进行业务创新主要采用以下 4 种模式：定制服务、模仿学习、复杂决策、数字孪生。

■ 定制服务：消除信息不对称

定制服务是企业数字化转型中最常见的一种创新模式，简单讲就是用数字化的手段，把合适的产品或服务传递给“对”的消费者。

无论对于哪个行业来说，市场中的消费者都是不一样的，每个人对产品或服务都有着不同的偏好。就拿“喝奶茶”这件很简单的事情来说，有的人喜欢加糖，有的人喜欢去冰，有的人喜欢珍珠加奶盖，有的人从不喝带珍珠的。在这种情况下，定制服务就很有必要了，可以为食客按照他们的喜好进行贴心的特别招待。

定制服务比统一服务更具有先天的降维打击能力，它的逻辑是让产品适应人，而不是人适应产品，可以避免流失诸多“口味不合群”的顾客。为什么购买“喜茶”总是排长队？因为喜茶提供定制服务，而不是提前准备好一大桶同一口味、同一搭配的产品。

然而，定制化是有“代价”的，那就是要足够了解所面对的消费者。商家对消费者越了解，就越能够“投其所好”，让消费者接受服务或产品，也可以为消费者各种千奇百怪的需求提前做好准备。

业务线上化为定制服务打下了良好的基础。随着“互联网+”模式的流行，很多行业，尤其是零售行业、餐饮行业，率先在线上业务的探索方面崭露头角。当消费者在线上下单点菜或购买商品的时候，这些消费记录就会被存储在商家的数据库里。实际上，这些消费记录在一定程度上反映了消费者的性格特点及品味、偏好。

通过对消费者的消费记录进行分析，商家能够获得消费者的全方位行为画像，然后通过系统给人们自动打上业务标签，这些业务标签可以告诉商家应该对这些消费者做哪些事情来提高整体的服务转化率。

以零售行业为例，典型的业务标签可以是“上班族”“IT 人士”“宝妈”“养生人士”“健身达人”“文艺青年”等。如果给一个消费者打上了“IT 人士”的标签，那么系统可能会自动推荐笔记本电脑、移动硬盘，以及鼠标等商品；如果给一个消费者打上了“文艺青年”的标签，那么系统可能会推荐工艺品或书籍等。

自动推荐是很好的定制服务实现方式，商家们可以通过数据分析表现得非常“善解人意”，甚至比消费者更了解自己。很多时候，消费者可能只是突然想随便吃点什么或买点什么，目的性并没有那么强，这时候就需要通过“数据”给予一些引导了。毕竟，让消费者自己开口提要求，体验会差很多。定制服务，就是要尽可能地消除信息不对称，消除消费者和商家之间的信息差。

在零售行业，除了可以给消费者推荐产品，还有个非常“经典”的玩法就是推荐“购物券”。这就是当你发现你正在努力抵御零食的诱惑时，恰巧就有一堆零食“购物券”出现让你立刻沦陷的原因了。

当然，无论是推荐产品，还是推荐“购物券”，采用人力的方式都是非常困难的。商家面对的消费者和消费记录如此之多，只有使用数字化的手段才能出现高效、自动、便捷的商业应用效果。

基于定制服务的数字化解决方案，不仅可以通过推荐的方式提升消费者的购物动力，还为商家在产品的供给环节创造了极大的业务改善机会。商家通过数据分析更加了解自己的消费者，从而也就能够更有效地估算出在供应链各环节需要准备的商品总量。

之前有个小段子，讲的是某电商在用户下单后，仅仅过了5分钟，就将货送到了用户家门口。因为电商在预售环节就将货物准备好了，可能早就“候”在用户住处附近的某个配送站了，就等着用户支付尾款的那个动作，一旦支付完成，快递员就直接送货上门。

这个段子源于真实事件。从这个段子传达出的意思看，基于足够精准的预售数据分析，商业活动效率可以得到大规模提升。

再进一步，消费端的信息沿着供应链一直向着供应链后方不断传递，直到到达商品生产厂商，厂商甚至可以直接根据消费端的数据进行生产活动，这就是所谓的精益生产模式。通过把消费端的订单数据和厂商的业务计划系统打通，控制整个供应链的原料或部件，生产端能够非常精准地控制制造成本，同时也可以显著地压缩生产周期。

从直观上看，降低生产成本和缩短生产周期往往是企业所追求的。很多企业为了满足用户的个性化需求，生产周期比较长，比如制造定制家具；而也有些企业，为了降低成本，就做“大锅饭”，比如制造成品家具。

如果想同时降低生产成本和缩短生产周期，就应该提前了解消费者的喜好，在他们下单之前就做好准备，也就是说，需要对市场进行有效预测，而且对市场的预测结果的颗粒度要足够“细”。

随着线上业务场景的逐渐丰富，商家对消费者进行了解的需求被更好地满足了。大数据和 AI 技术正在让预测生产需求及精益供应链活动变得越来越稳定，也越来越容易。

■ 模仿学习：让聪明可以复制

数字化的第二个应用模式是模仿学习，其核心在于复制人的“智力”活动，通过数据和算法模型，结合业务知识，自动地决策并执行业务活动，减少或优化人力方面的投入。从技术上看，就是让机器基于大量的历史案例数据和实时采集的现场数据，自动生成智能化的解决方案，提供自动推荐、事件预测、异常预警等数字化服务。

在金融领域，比较典型的应用场景之一是智能投顾。智能投顾是通过计算机算法模型帮助投资者选择合适的投资产品，也叫作投资机器人顾问，本质上是一种在线的财富管理服务。它的算法模型充分考虑了投资者的风险偏好和理财目标，可以动态合理地设定金融资产组合，为投资者的投资活动提建议，或者干脆代替投资者进行投资活动。

智能投顾的好处是实现了理财顾问智力活动的自动化，其投资算法模型本身考虑了大量的投资案例数据和广泛的业务知识，同时也融入了众多领域专家的独有经验。数字化的这类应用很好地缓解了单个金融专家的认知局限问题，同时也避免了人在决策时容易情绪化的风险。

智能投顾，对于用户来说，节约了沟通方面的时间成本；对于金融公司来说，节约了业务专家的雇佣成本。以前，客户想要购买金融理财产品需要到人工柜台排队等着“叫号”，排到号后，不经历一番口舌劳累，没法做出最终的投资决策。而使用智能投顾，只要在计算机网页或手机 App 上填写“问卷”就可以了，机器自动解读“问卷”，代替了人工柜台的冗长 “问答”环节。其中，用户提交的“问卷”是精心设计过的，和投资算法模型相互对应。只要把问卷中的数据带入模型，算法就可以实时地给出有效的投资建议。

模仿学习，除了可以直接解决 C 端用户投资决策的业务痛点，在 B 端机构的业务方面，同样也可以起到智慧赋能的作用。

2017 年年初，国家电网开发了一款全面针对企业征信服务的综合信息服务平台。针对小微企业信誉不足、融资难的问题，国家电网利用“大数据征信+金融”和“大数据征信+营销”的模式，建立了具有电力特色的信用评价方法及信用评级体系。国家电网利用企业用电数据，推出了一系列信贷反欺诈、授信辅助、贷后预警等方面的数据分析和数据应用服务，最终以信用报告、信用评价及风险预警等产品形式服务于需要贷款的小微企业，实现了包括贷前、贷中、贷后的“一条龙”全维度风险控制体系。

基于模仿学习的数字化应用在医疗行业也同样前景广泛。通过大数据分析技术，医院可以从大量的医疗案例中挖掘出有价值的专业知识，并利用这些专业知识进行自动辅助诊疗。近十余年来，各大医院不断深入信息化改造，电子医疗档案系统的使用越来越广泛和成熟，积累了大量的患者就诊记录。如果这些信息被充分挖掘和使用，则能够发现很多非常有价值的医疗领域业务知识，极大地推动医疗事业的发展，也会显著地提升医疗行业的服务效率。

目前，对于很多常见的疾病类型，智能算法可以基于患者输入的症状信息和检查信息，快速、自动地给出一些相对客观的就诊建议和用药建议。这是一种“大胆”的尝试，这背后的逻辑和智能投顾一样，医疗行业的智能化和自动化应用普及，也会极大地降低服务成本，通过把专家的知识和经验“灌输”给机器的“大脑”，使机器算力为人类专家分忧。

从现实意义上来说，我们国家人口压力相对比较大，始终存在医疗资源不足的问题，培养一个专科医生少则十几年，多则几十年，人力医疗资源十分宝贵。在某种程度上，用机器来缓解人工诊疗服务的压力，是未来非常值得探索的行业领域。

当然，不管是金融行业，还是医疗行业，在机器通过算法代替人进行业务决策的时候，都需要特别“谨慎”。这些技术在行业端进行应用推广的过程中，通常面临着比较大的业务风险。

财产安全和生命安全始终是人们生活中的核心诉求，不像一般的娱乐性消费和日常类消费，在金融和医疗行业，引入智能算法直接解决业务问题，不仅实操难度大，而且准确率有时候“跟不上来”。对于不少具体问题的应用，机器算出的结论经常难以获得消费者的普遍信任和认同。

此外，如果让机器提供智能决策服务，则一旦出了问题，就难追踪责任。如果听了某个机器的“话”做了一个手术，但是手术效果不好，那么到底由谁来承担医疗责任呢？责任主体不明确，是这类智能化应用推广时比较常见的阻力。

医疗行业和金融行业的不确定性程度是比较高的，让机器来代替人总归有一定的风险。但是对于操作上相对循规蹈矩的一些业务来说，比如生产作业现场的监控和管理，机器或许真能帮上比较大的忙。

例如，中国南方航空集团开发了一套叫作 RPP 的信息平台，这个平台能够借助卫星定位、大数据、物联网等一系列技术将机场的车辆和人员进行综合调度。

在工业场景里，一切程序都是相对可量化的，没有太多需要主观“判断”的环节，这一点给数字化业务设计提供了充分的发挥空间。RPP 主要是通过实时监控功能和智能安全识别功能实现车辆管理功能的，降低了车辆运行的管理风险，精准地提高了物流调度的安全性。

在这个项目里，机场的地图是被 360°复刻在系统中的。你可能在大街上看到过百度或美团的无人驾驶小车，车子上面顶着一个摄像头转来转去。很多这样的车子就是用来实时更新这些系统内部地图数据的。

同时，所有受管控的车辆上都会被安装上一套亚米级的高精度定位系统，系统通过监控摄像头和智能辅助驾驶设备可以随时给平台传输这个车辆的实时位置信息，从而非常准确地浏览到所有车辆在这个机场中的活动轨迹。以前，可能需要几十个管理员在各个关卡站点人工指引行车路线；而现在，只需要一个人在 RPP 上灵活调控就可以了。

RPP 还具有智能监控能力，也就是引入了智能安全识别功能。之前的场地安全监控可能需要几个非常有经验的场控人员同时工作才能保证现场的安全作业，他们需要经过长时间的培训甚至需要有处理很多意外事故的经验，才能获得如此可靠的管控全局的能力。

当机器变得像人一样聪明时，就可以把所有可预期的风险问题都提前输入系统，让系统学会自动预判异常情况。一旦某个装有摄像头的车辆出发到某个场地关键点，或者车辆轨迹发生异常情况，系统就会及时发出警报，吸引后台的管控人员及时查看监控视频，并对当下的情况予以处理。

目前，RPP 平台已在广州、北京、深圳、乌鲁木齐等 6 个地区链接了超过 1800 台车辆。除了介绍到的智能监控和智能安全识别功能，系统还开发了包括货运、机务、地服等主要场景的运营服务。

由此可见，像机场货运调度这种典型的工业生产场景，以模仿学习的模式设计并推广数字化应用，是具有极大的业务创新潜力的。2021 年完成超过 10 亿元融资，进入百亿估值俱乐部的驭势科技，就是专门负责在机场场景下提供无人物流服务的。

在工业领域，类似的智能化解决方案还可以应用在工程项目的故障预测、异常预警等方面。基于大量的工业知识储备，其可以对通过传感器实时采集的数据进行自动分析，及时发现可能发生的故障，减少工业损失，甚至人员伤亡。

例如，中国铁路工程集团有限公司在施工环境和施工工人的安全保障与生产增效方面，进行了比较成功的数字化创新实践。

其开发的“工程施工监测信息系统”可以在施工过程中做到随时随地的埋点、测量、数据上传和事故预警，同时该系统也将工程涉及的一系列人员管理工作全部纳入系统当中。

在一线施工时，施工单位可以通过系统看到全部埋点位置和精准的测量数据，从而把施工的精确度提到最高。施工人员有义务将每个节点的工作完成情况拍照上传，再由各个相关监理单位监督和管理。这个技术应用就好像物业的视频监控一样，这样的监测系统不仅显著提升了完工效率，降低了施工及监测成本，还提升了现场施工和监察工作的安全性。

此外，通过系统的大数据分析，可以将存储的这些现场数据及预警数据进行深度挖掘和分类，将施工分为正常、黄色、红色 3 个等级，提前预测事故发生的时间和位置，及时编制人员撤离预案或干预措施，大大提升了现场施工活动的安全水平。

■ 复杂决策：找到关键变量

除了前面提到的两方面，数字化的第三个应用模式是支撑企业的复杂业务分析决策。传统的企业进行业务分析时通常依赖大量的分析报表。一般的工作流程是，业务人员为了了解某方面的业务问题，向数据人员提出数据需求；数据人员通过一系列“高深”的技术处理把业务人员要的数据采集并汇总，然后交给业务人员进行下一步的分析处理。业务人员和技术人员的“密切配合”，实现了对企业复杂经营活动的各种主题分析。

有没有发现问题？在这个过程中，业务人员对数据的处理太慢了。每次业务人员需要进行数据分析时，都要重新向数据人员提一次需求，不断地与数据人员进行烦琐的沟通交流。业务人员和数据人员的专业背景差异很大，导致对数据的理解也非常不一样。于是，不管是写文档还是打电话，沟通数据需求都是一件非常费力的事情。

在企业实际的业务分析活动中，往往需要多轮的“数据迭代”。例如，某个业务人员小王想了解近期业务增长的影响因素，他先假设业务增长受到了营销活动的影响，于是就向数据人员提出要求，获取业务数据和营销活动数据进行联合分析。

但是小王拿着营销数据分析了几天之后发现，业务增长和营销活动之间并没有什么关系，于是又猜想可能与某个重要门店的装修改造活动有关，就向数据人员提新的要求了。每次业务逻辑的检验都是一次数据迭代循环，其背后都需要花费精力和时间进行沟通并获取数据，这就是很多企业数据分析活动低效的根本原因。

为了改善这种现状，需要向业务人员提供“自助”的分析工具，让业务人员有充足的自由度来获取想要的数据进行定制化分析。无论是 ERP 系统、CRM 系统，还是大数据分析平台工具，都是解决上述应用需求的技术方案。

企业数字化转型的根本使命之一，就是提供强有力的数据分析工具，让业务分析活动和企业内外部的关键数据资源完全打通，让分析人员能够顺畅地把自己的假设、想法、创意在数据的海洋中尽情地探索和实验。

现在，无论是传统企业还是数字型企业，都在不断地整合越来越多的数据资源到自己的数据分析平台上，并努力地把数据分析平台建设得越来越好用，越来越高效、准确。

数据分析平台会提供很多定制化的数据提取组件，用户可以通过一种非常容易理解的方式来定义数据需求，自助地完成数据的获取工作。

在数据分析平台的操作界面中，分析人员接触到的只会是通俗的业务语言，而不会涉及底层的计算机编码或数据库的库表结构等令人费解的技术概念，数据分析平台承担了从业务的数据需求到技术的数据需求的“翻译工作”。以数据分析平台为工具，业务人员可以按照自己的思路对各种各样的数据进行建模和“解读”，在这个过程中，完全不用麻烦数据人员。

在数据分析平台的帮助下，数据获取的“迭代”效率提高了，业务人员因此敢于放开束缚，大胆地探索和钻研“藏”在数据里面的内容了。数据分析平台会提供很多经典的商业分析功能模块，包括数据的上钻、下钻、关联、对比、聚类，以及趋势分析等一系列通用的技术功能。当然，在一些更高级的数据分析平台中，会为有理工科背景，在计算机技术方面稍微专业一点的分析人员，提供机器学习、深度学习等更加复杂的分析工具。

数据分析平台的性能越好，提供的数据服务越便利，业务人员能够进行的分析也就越复杂，从而也就能更好地从纷繁复杂的商业活动中，找到影响市场变化的关键因素，揭示业务的本质逻辑，帮助决策者更科学地解决实际业务问题。

国家电网的数据涉及成千上万家企业的用电数据，以这些数据为基础，国家电网开发了一套智慧环保电力大数据产品。这个产品能够在线监测其服务企业的用电状况和排污情况。该应用产品不仅提供 To B 的企业电力服务，而且提供 To G 的面向政府环保部门的监督服务。

近期，成都市已经有超过 6000 家环保重点受控企业的电力信息被接入国家电网的这个环保监测平台。过去，环保部门的工作人员需要外派到各省市、各地区，用检测仪进行现场监测；现在，全部数千家企业的污染情况，通过这套系统，只需要一小时就可以快速完成信息的采集和分析。

用电情况能够反映实体经济的活跃度，在疫情防控期间，国家电网首次推出了“企业复工电力指数”，及时地向各地政府部门反馈该地区企业的复工复产情况，在很大程度上为国家统计和决策部门的调研工作缩减了成本。

中国铁路物资股份有限公司，作为一家常年专注于铁路物资和钢铁、矿产品的特大供应链服务企业，其采购、品控、销售及全行业的物流等环节都堆砌着大量的“经验”数据。挖掘利用这些数据，可以解决产业链人工成本高、供应链物流活动低效、品控不标准等问题。

中国铁路物资股份有限公司开发的钢轨全寿命大数据管理平台，整合了从生产、供应、养护、维修，到报废全生命周期的数据资源，能够实现产品追溯和寿命、维修记录信息查询功能。该平台为了能够更加全面地服务于铁路运营工作，不仅进行了数据的规范化存储和主题化分类，更将数据分析的定位提升至行业决策、标准制定，以及全产业链协同的高度，将物联网、大数据、云计算等大量前沿的信息技术充分地应用到了传统产业并向传统产业的全流程环节进行了大规模赋能。

■ 数字孪生：现实世界的“镜子”

数字化的另一个主流应用模式是数字孪生，主要思路是通过信息技术为现实物理世界中的业务活动在计算机里构建一个虚拟的数字镜像。在这个镜像里，采用算法和模型进行业务分析和优化。最后，再用数字优化方案反过来改造现实物理世界。

数字孪生，简单理解就是利用计算机软件为现实中的事物构建一个虚拟的孪生兄弟——数字镜像，也叫数字模型。数字模型既可以是能够直观感受到的3D仿真模型，也可以是抽象的数学模型。

有的读者或许会疑惑，“在物理世界里发展业务不好吗？为什么非要把业务放到虚拟世界里，兜一大圈，再回到物理世界呢？”同时也有读者会说，“数字孪生就是计算机仿真技术，这个技术早就有了，这是造新词忽悠人呢。”

其实，数字孪生和仿真技术有着本质上的区别：仿真的目的在于模拟，而数字孪生则是要提供现实世界业务的解决方案，数字孪生虽然用到了仿真技术，但是仿真并不是数字孪生的根本目的。

数字孪生技术把物理世界中的业务实体映射到虚拟世界中后，人们就可以通过计算机技术对这个数字化的业务实体进行各种分析操作了，并从中挖掘得到有用的业务知识和结论，再把这个业务知识和结论反过来用在指导现实世界中的业务实体活动上。这就是我们一直在强调的典型数字化业务创新流程。

直接在物理世界进行业务分析是困难的，而只有虚拟化的业务实体，才可以被快速而准确地分析。在消费行业，可以通过电商平台的用户购买行为日志直接获得物理世界人的消费活动信息，而在工业领域，则是靠数字孪生技术把整个生产活动“抽象”成数字形态。

和前面介绍过的智能监测技术有些类似，中国石油兰州石化公司开发了一套名为“长庆乙烷制乙烯项目”的智能监测系统。

这套系统应用了人工智能和工业大数据等技术对设备进行健康状况的实时监测与分析，可以根据实时监测数据给出智能诊断和预警故障提示，预警的准确率能达到95%以上。同时，系统也可以应用于预知性维修、定期维修和故障维修等工作任务，利用这套数字化系统，故障识别率可以达到 100%，定期的检测维修成本降低超过 10%。

依托数字孪生技术，以往需要人工观、查、测的工作内容，全部升级为智能状态监测、仪表查看、智能电网等 OT 系统，以及 ERP、EAM 等 IT 系统。数字孪生解决了环境差、工作累、环境有风险的人工操作问题。通过智能可视化设备，仅需要少量人员定期进行参数设定、维修规划、数据统计、业务分析，就可以很显著地降低现场风险和操作运营成本，提高工厂成品的质量，并统一把控后期服务质量。

数字孪生技术的应用潜力有这么大，那么它的技术原理是什么呢？这里我们可以稍微生动地解释一下。

在物理世界，生产线和生产线上面“跑”的原料和产品，不停地与外部环境进行交互，产生一系列的生产数据，这些数据通过热点区域布放的大量智能传感器被高效率地收集起来，进入虚拟世界。在虚拟世界“实时同步”的数字模型中，信息与丰富的业务知识进行交互，让分析人员可以清楚地了解到工厂里面正在发生什么：当前生产线运行状态良好还是异常，一些环节的效率是否需要提升，是否出现了一些可能引发产品质量下降的因素……

分析人员通过观察“智慧工厂”的可视化大屏，基于一系列灵活的模拟分析操作，可以快速得到精准的业务分析结果，快速聚焦问题所在，马上做出调整生产活动参数或生产计划的控制决策。

在虚拟世界进行数据分析能够带来的好处之中，除了更加快速精准，更厉害的地方在于可以控制研发成本，这一点主要体现在工程设计应用方面。

例如，某厂要设计投放一款新型的飞机，通常需要经过大量的物理学实验来验证飞机的可靠性和稳定性。而每一次实验都要花费大量的经费，比如燃油、人力、场地、零部件损耗等。那么，如果整个过程都在计算机中进行会怎么样呢？

这个思路虽然很大胆，但是在航空领域早就是非常成熟的做法了。通过构建航空飞行器的数字孪生体，可以在各部件被实际加工出来之前就对其进行充分的虚拟数字测试与验证，及时发现设计结构的缺陷并加以修改，避免反复迭代设计带来的高昂研发成本和漫长的设计迭代。

法国的一家飞机制造商达索公司就实现了这一点。这家公司的“阵风”系列战斗机和“隼”系列公务机，就是用它们的数字孪生体 3DExperiment 进行设计、测试和改进的。根据自测数据统计，使用数字孪生体的辅助功能相比于相同复杂程度的其他设备，降低了 25%的研发成本。另外，各种材料和性能的技术参数效果也提升了 15%。

随着智能制造这个概念的普及，基于数字孪生的技术创新模式也必将成为数字化改革的主流。未来，人们对于生产制造活动将会予以更加精准、高效的控制，而这依赖于对生产制造过程的客观量化计算。数字孪生把物理过程转换为虚拟数字过程，从而达到“一切可计算”的目标。数字孪生，已经把近几十年信息技术快速发展的红利注入传统的工业世界中。

我们可以看到，从定制服务到模仿学习和复杂决策，再到数字孪生，数据应用和数字化业务的复杂程度都是逐步加深的。企业可以根据自身的业务应用需要、技术基础，还有研发成本进行综合考量，选择适合自己的落地方案，闯出具有自主特色的转型之路。

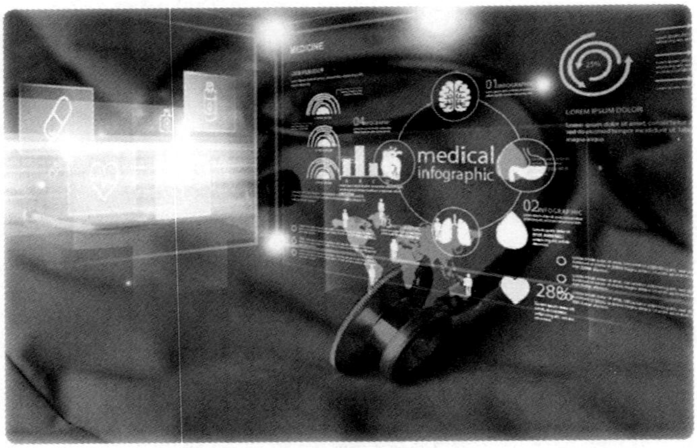

智慧医疗是数字化模式在医疗行业的应用，通过大数据技术，对患者的诊疗记录、检查数据，以及与患者相关的医疗知识进行综合分析，可以帮助医务工作者进行患者管理，设计有效的治疗方案，并提供优质的保健计划。

第五章

数字化实践：敢问路在何方

本书前面讲述了数字化转型如何重要，以及转型中需要做的管理工作和系统建设工作。接下来，我们要讨论一下数字化转型在实践落地方面，可能会遇到的诸多现实问题及应该考虑的注意事项。

转型的理念很诱人，但是现实却又总是“骨感”的，我们会遇到方方面面的阻力。技术的阻力是一方面，而更多的阻力可能来自组织和业务方面。数字化转型靠能力，也靠“缘分”，天时、地利、人和都要具备——用户接受、行业可期、人心一致。很多企业在转型中都失败了，大多是因为缺少这些要素之一。本章我们会梳理这些转型中的“绊脚石”，把实践中可能遇到的“坑”都理一理，看看身为读者的你是否也遇到过这些问题。

接下来，我们会讨论数字化转型的未来发展趋势。虽然在转型的道路上，我们获得了不少成绩，也遇到了很多困难，但是未来的总体趋势还是好的。市场对数字化转型的需求会越来越大，但是有需求、有机会，并不意味着转型的成功率就高，这里面是有一些规律的。

转型不能盲目，转型实践需要把握大方向和大趋势，只有了解规律、顺应规律，才能够交出好的“答卷”。在未来，转型浪潮的业务覆盖范围会更全面、更广泛，也更深入，这将体现在社会发展的方方面面。尽管我们所在的行业有可能暂时看起来和数字化关系不大，或者一时半会没有出现好的“案例”，但不管是“困难”还是“迷茫”，都只是暂时的。我们需要坚定信念，大胆发挥创造力，然后勇敢迎接技术挑战，积极地投入更多的尝试。

第一节 转型的绊脚石：失败乃成功之母

数字化这个目标虽然是明确的，但是很多企业家和管理者仍然很迷茫，只知道该进行数字化转型，却不知道具体要怎么做。任何管理问题都不具备可以复制的特点，只会抄作业是没法考好大学的。尽管如此，管理问题的“坑”还是可以总结出来的，一个管理者要是能躲开路上的坑，那么离成功也就不远了！

当我们说一个人成功时，经常会总结出天时、地利、人和的因素，如果数字化不成功，那么我们似乎也可以从天时、地利、人和的角度来总结一下，到底哪些问题是企业数字化转型道路上的绊脚石。

■ 天时：市场或许还没准备好

做任何事情都要和市场大环境相契合，顺势而为是非常重要的。当今时代是数字经济非常好的时代，有很多非常好的拓展数字化业务的机会。然而，关于数字化的所有好听的声音，更多的是生产端一方喊出来的，那么我们有没有认真倾听过用户发出的声音？从消费者的角度看，用户对数字化的产品又都是一致欢迎的吗？

任何改革和变化都会遭遇阻力，这是正常的，数字化转型这件事也一样。当然，遭遇阻力并不意味着方向不对，只是成长必须要经历的痛苦罢了。在进行数字化转型变革的时候，我们需要了解到市场上一些“质疑”的态度，然后合理地规避或柔和处理。如果我们视而不见，掩耳盗铃，一味地硬干蛮干，就很容易“遭冷场”，最后白忙活。

很多企业的数字化转型不太成功，和整个市场环境对某些数字化理念的接受程度不足有关系。在设计一个数字化业务的时候，要看到业务的本质，要明白哪些行业的数字化转型思路是有群众基础的，以及哪些行业的数字化可能会因为给文化、传统、生活方式、道德理念等方面带来太大冲击，而容易产生水土不服，让数字化的计划提前破产。

所以在进行数字化转型之前，就要思考清楚：当各行各业都飞快地接触数字化基因进行业务转型的时候，我们对业务的改造会不会触碰到人们的心理红线。这一点，尤其在涉及C端参与的数字化业务设计时，需要特别注意。

例如，数字化对个人信息安全方面的渗透，会给不少人带来困扰，从而产生抵触情绪，因为这让人们缺乏安全感。很多网络应用提供个性化服务的基础是采集足够精细的个性化数据，互联网巨头甚至有时候比居委会主任还懂你，你住哪儿，在哪儿工作，有几个孩子，每个月开销大概多少，经常聊天的几个好友都有谁，这些信息它全知道，是不是不寒而栗？

年轻人胆子相对大一些，放得开，愿意承担这个风险并享受数字化带来的便利，那么中老年人呢？

其实，现在很多中老年人在对新兴数字化产品的接受上，往往还是把风险放在方便前面考虑的。但矛盾的是，他们的潜在消费能力其实很强。如果数字化不能获得他们的“投票”，就说明更大的市场潜力还没有被释放出来。人到了中老年，尽管财富积累比年轻人高，但是往往比年轻人更加保守，更加“抠门”。毕竟除了少数非常成功的人士，大多数人到了中老年，都需要更加稳定的生活。

一些老年人，在办理银行存款或转账业务时从来不用手机App，十几年如一日地往银行跑，宁愿守在银行，坐在那儿排队等一两个小时，也不愿意在手机上进行便捷的操作。如果去问他们为什么这么“执着”，则他们不会告诉你是因为手机这东西不会用，而是会反问你，“这软件会不会把我的钱转丢了”，或者“我的银行卡密码会不会被手机病毒泄露”。这些问题让人忍俊不禁又值得反思。

你看，在数字化这么发达的现代，信息安全这件事带来的恐惧，其实是深深埋在每个老百姓心里的。若没有遇到特别的事情，就可以暂且把隐私的事儿“傻傻”放在一边不管，但一旦遇到某些特别的场景，就会时不时提醒人们这方面存在隐患。换句话说，如果一个数字化产品在使用时需要获取人们在意的、敏感的、核心的隐私信息或安全信息，那么这个产品势必会在一定程度上承受来自这方面因素的推广阻力。

伦理道德问题也是一样的，这几年大数据“杀熟”问题也很严重，很多App通过用户购买产品的频率、数量和金额，来判断某个产品对用户来说是不是刚需的，从而对其进行“价格歧视”，这种事在网上经常被提及。

例如，A经常在某个电商平台买东西，甚至办了会员储值卡。这个电商平台会通过数据分析判断A是个购物达人，于是同样的一块手表，A购买可能要比作为新用户的朋友多花几百元。

再如，B打算假期去旅游，于是他就去旅游网站浏览机票的价格信息，但是由于各种行程安排还不确定，所以多次登录旅游网站的购票平台进行机票信息的查阅和对比。而当旅游网站通过大数据信息监测，发现了B“迫切”的旅游需求时，就可能会对其进行提价，展示更高的价格。

在数字化时代，商家总是希望通过数据分析获得更高的收益，大数据分析提升了商家进行“价格歧视”的技术水平，把消费者这种不开心的体验放大了。

在其他方面，用户对数字化的各种顾虑也非常多：有人担心在全社会推广数字化的进程中，大量的5G基站建设会对健康产生影响；有人担心自己的小孩沉迷于手机游戏和短视频，影响了学习和身心健康；还有不少人会觉得人工智能算法“导致”的交通事故没有人承担责任……

在数字化转型过程中，引入的技术概念很多，导致的技术问题也很多。怎么用好技术，改善人们的生活，同时尽量避免技术问题，缓解人们对技术的焦虑，是每个推动数字化进程的“探索者”都需要考虑清楚的问题。

■ 地利：行业真的有迫切需求吗

除了市场的原因，行业方面的原因往往也是导致数字化转型发展产生问题的重要因素。首先要认识到，当下每个行业对数字化的客观需求是不一样的。在数字经济时代，数字信息技术可以给每个行业都带来不菲的好处，但是数字化为行业带来好处的大小、程度、潜力，是不一样的。有些行业的数字化潜力还没有充分发挥，也就是说，在现有的技术水平下，需求还没有找到，没有被挖掘出来。

还有一些数字化项目推不动，是由于所在行业的垄断造成的，如资源开采类的行业。竞争越大的行业，数字化的需求就越大，因为“内卷”得厉害，所以降本增效的需求就大。

如果一个行业是靠输出知识内容生存的，那么这个行业对数字化的依赖会特别强；如果一个行业是靠输出物理形态产品生存的，那么这个行业对数字化的依赖会相对弱一些。对于后者，这个行业对数字化需求的原动力会比较不足，因为即使企业不去进行数字化，光靠投入生产设备、资金和人力，也可以提高竞争优势。

如果一个企业所在的行业价值体现在人的创造力上，那么这个行业其实不太适合用数字化的方式改善业务现状。

前面也提到了，数字化解决的是效率问题，不解决创新问题，因为创新工作更多需要的是人的灵性。当然，人工智能技术的研究也越来越深入，很多科学家都在思考怎么让机器越来越像人，让机器把人的脑力活动也给做了。这个想法不错，但是距离真正实现仍然很远，现在人工智能基本上没有什么创造力，只会按部就班地工作，没任何多余的想法。

别说创造力了，现在的人工智能就连稍微变通一点的头脑也没有，扫地机器人就只会扫地，不会想着顺便帮你把掉在地上的钥匙收起来，做饭机器人也只能按照提前录入的菜谱烧菜，不会因为天气冷了主动给主人煲鸡汤。

像艺术、音乐和绘画这些行业，都需要很多人的灵性，其成败在于人的创造力，在于作品是否能提供独特的体验，效率其实不是第一位的。有时候一件令人惊艳的雕塑或画作，比一百件普通的作品都要值钱。降本增效的逻辑对这些行业起不到关键的作用。一味地在不合适的行业里去推动数字化，短期内可能不会带来太多好处，推广难度也会很大。

此外，我认为阻碍一个企业进行数字化转型的另一个重要因素，就是企业所在行业的标准化程度。越成熟的行业，越重视生产效率的行业，标准化程度就越高，比如制造行业。

数字化的核心在于把业务数字化，但是如果这个行业的标准都不清晰，就没有办法用数据对业务进行定义，而如果没有办法把业务数据化，那么只能单纯靠人工了，机器帮不上任何忙。

很多行业本身有很丰富的业务知识，把这些业务知识数据化，就是要构建面向整个业务领域的知识体系，而这件事是非常有难度的，需要找很多业务专家来做。但“残酷”的现实是，人的专业能力和知识表达能力通常表现出不一致的水平，网络上的“知识大 V”可能并不具备专业背景，而资深教授的课堂却可能是“空荡荡”的。

此外，很多行业的知识体系没有构建起来，更普遍的情况是，大家对所在领域的业务活动甚至都没有形成统一的理解和认识，同时也没有形成靠谱的操作规范。如果说以师傅带徒弟的方式开展业务，什么事都要手把手教，经验靠踩坑积累，那么这类业务就很难让机器参与。

■ 人和："转型"不是空喊口号

前面讲了市场大环境和企业所在行业对数字化转型的影响，然而企业如果自己不努力，执行效果差，那么时代条件再好也抓不住机遇。于是，人的因素就显得格外重要。

我们都知道，数字化转型对整个企业来说是一个综合性非常强的任务，对业务的影响非常大。如果想要坚定不移地推进数字化转型，背后就需要有非常强大的组织支持，也就是说，需要在企业里面找到“说话好使”的人来支持这件事，并且亲自“盯”这件事的执行。

如果不这样的话，则企业各部门、团队就会把“数字化”当作空喊的口号，没有人认认真真地去落实。这个“说话好使”的人最好是企业的一把手或准一把手，比如CEO或COO，这样就不会牵扯到具体部门的利益，也不会有偏有向，令人信服。

数字化需要公司领导的大力支持，组织资源永远是第一位的。

如果企业一把手是非常懂数字化的人，那么数字化转型这件事就会比较顺利，而如果一把手是个外行，或者对数字化这件事存在误解，那么转型的成功率就很难保障。做任何事情，领头的人都很重要，因为领头人决定方向。领导者对数字化的认知有问题，或者做事格局太小，就有可能影响到数字化转型的最终效果。

例如，领导者可能认为当前不应该进行数字化，对行业的判断出现了偏差，认为依靠企业现有的技术优势或行业垄断优势，可以长期地保持领先的地位，表现出不着急或踌躇不决的态度。

外部市场环境变化很大，短期内行业内可能会面对数字化的迷雾，但是一旦有一家企业突破了这个迷雾，就很可能瞬间取得压倒性优势，颠覆原有行业老大的地位。

此外，领导者本人性格可能趋于保守，比较求“稳”，把责任风险看得比企业未来发展更重要，这样就会先天比较排斥数字化转型的落地，并会主动寻求各种理由和说辞来证明数字化转型“为时过早”，需要“静观其变”，以此安抚企业员工维持现状。

而更多的情况是，领导者可能对数字化的理解不到位，把数字化当作信息化来做。信息化这个概念出现的比数字化早，目的是把业务流程搬到线上环境，给业务流程加速，但是从本质上来说，业务逻辑本身并没有发生太大变化，而且业务产生的数据也没有支撑业务的创新和优化。管理者如果带着这种想法做数字化转型，那么转型的效果往往也是大打折扣的。

当然，仅有领导层的支持还不够，一个企业如果在执行层配合不到位，也很容易在数字化的转型过程中“半途而废”。前面讲到，数字化转型是面向业务的，技术解决方案本质上也是为了突破业务发展的痛点。

因此，在企业中，业务人员需要特别地重视数字化转型工作。

但讽刺的是，在很多企业中，对数字化转型最感兴趣的不是业务人员，而是技术人员。数字化虽然是关于业务的，但往往会被大部分人误会成技术部门负责的工作，所以在现实中，技术人员表现得比业务人员更加上心。

技术人员长期处于“后勤”辅助团队中，一直都是给别人服务的，好不容易等来了数字化这个机会，想借着这件事“露露脸”，整天跟在业务部门后面“讨要”需求。而这个时候，业务部门的小伙伴就会很容易表现得非常不耐烦，不是假借开会不理你，就是随便发一堆莫名其妙的业务材料让你自己“找答案”。业务人员的心态一旦摆歪了，就会成为数字化道路上的最大阻力。

很多业务人员觉得，完成手头上的业务指标才是当下最要紧的事，审批一个合同，谈妥一个单子，推广一个产品，整顿一个门店，这些事情可都比数字化转型重要多了。

业务部门的员工看起来总是很忙，一天到晚都急着往前赶路，心无旁骛、勤劳地工作。但是这份认真，有时候却很“麻烦”，好走的路不一定长远，也需要往两边看看。一个企业要想顺利地推进数字化，就得好好启发一线业务人员的思想认知，争取他们的全力支持。

数字化转型工作很尴尬，它是面向未来的。从短期上来看，数字化是个“成本型”的项目，是要花钱的，在开始数字化转型的一段时间里，可能会有成本大于收益的情况出现。在企业内部的舆论上，数字化的积极推动者会面临着很大的压力。

近期目标通常是清晰、明确的，然而远期目标却不容易预见。因此，很多业务部门也就更愿意去参与“够得到”的项目，不愿意投入过多的精力去做看起来不可估量的数字化项目。正是因为这样的原因，在一个比较大的成熟企业里，更多的是让一些新招来的“小白”或“实习生”去做这种探索性的工作，而那些真正懂业务的骨干，都还“挣扎”在主业务里烦恼呢！

除了上面提到的，还有一个人员方面的因素也会影响数字化转型的整体效果，那就是员工的基本素质。

企业员工关于数据方面的基本素质若还不达标，那么转型工作自然会表现得“心有余而力不足”。数字化转型是一件有挑战性的工作，企业要迎接技术带来的挑战，因此需要具备较强的数据能力体系。数据能力体系是指，企业里至少需要有一部分人，对信息系统、数据，有足够多的理解，能够明白数据是怎么来的，以及数据应该怎么用。

很多企业所在的行业非常传统，员工对业务的理解仅仅局限于流程，只了解一些非常传统的业务概念。然而，这些业务概念在数字经济时代，很多已经有了新的定义，但是企业员工的理解还不到位。

换句话说，员工的数字“底子”太薄了。这种企业的数字化转型，是非常困难的，因为企业员工的思维方式没有突破传统的认知，不具备对数据的想象力，也不能理解“数据”这个概念。最基本的数据观都没有建立起来，更何谈数字化这件事呢？这些企业的数字化转型工作，往往不是内部驱动的，而是外部驱动的。咨询公司先主动找上门来给企业培训，慢慢渗透相应观念，让数字化转型的需求一点点地被挖掘出来，这个过程不是一蹴而就的。我们首先要转变观念，加强学习，再讨论怎么执行落地。

当然，如果想让业务人员足够重视数字化转型工作，那么企业也需要调整对员工的考核制度来提供“制度”上的配合。如果对员工的考核制度跟不上，就会导致大家对数字化工作不能投入，因为担心影响到原有工作的绩效。

数字化是知识驱动型的工作，创新性的特点比较突出，数字化转型的结果也具有很大的不确定性。但是，数字化项目又需要不同职能背景的员工进行深度的合作和参与，于是这些员工就必然要分“精力”给这项新的任务。

但尴尬的是，由于数字化转型工作既综合又复杂，同时也是面向未来的，所以对数字化转型工作做得好坏很难进行评估，甚至员工的努力投入是不被“领导”看得见的。有时候领导会误以为，最终开发系统或采购技术设备的团队才是真正干活的，殊不知这里面的业务人员、市场人员、运营人员、组织管理人员、行政人员都会投入大量的精力，但是他们的工作很容易被忽略。

在企业里，人力考核是一把无形的尺子，规范着每个人的工作表现。如果这把尺子歪了，那么大家工作的劲儿也就使歪了，毕竟具体到大多数的个体，都会先关心自己的“钱途”，然后考虑企业发展的“前途”。

要想有效地推动数字化，配套的考核制度就得跟得上，不能忽略每个转型参与者的利益。数字化转型，本质上更像创新研发类的工作，我们可以参考创新研发类工作的考核方案，引导员工努力投入。例如，引用基于 OKR 的目标管理工具。最近几年，OKR 这个概念炒得很火，可能是因为在数字经济时代，大多数企业的知识工作者变得越来越多了，需要更多有效的业务创新来提升企业的市场竞争力。

那么 OKR 到底是什么呢？OKR 的全称是 Objectives and Key Results，中文意思是目标与关键成果。基于 OKR 的考核，最终目的是实现企业的战略目标，而要想实现企业的战略目标，就要对任务进行层层分解。至于目标实现的方式、目标实现的路径，在执行上都比较灵活。其中，所有的工作任务和工作过程，都是完成具体任务的员工自己决定的。

OKR 考核强调员工自己给自己下任务，而不是在传统模式下被动地接受上级强行下达的任务。OKR 考核比较适合对任务不清晰的创新型工作进行考核与管理，对于与数字化转型密切相关的工作任务，它恐怕再适合不过了。

关于“人和”的重要性，最后要补充一点，数字化转型的工作可能会影响某些部门或团体的既有利益格局，这其实是导致很多转型落地延缓或失败的一个非常隐性的关键诱因。

例如，在进行数字化转型的过程中，需要成立新的部门和团队，原有的组织架构就要被“打散”，甚至被取消，部分团队的负责领导就会面临被“架空”的风险，这不免会触动一些人的利益。

有些团队，传统业务做得很好，人员技术也很娴熟，但是数字化后，原本很多人做的事情都被机器替代了，很多“吃老本”或循规蹈矩的“老人”可能也就没了市场。在数字化时代，在企业里“一招鲜吃遍天”的玩法，也就越来越不管用了。

另外，数字化转型会让一些创新业务代替老业务成为企业的核心经济增长点，而那些不盈利的，原来舍不得割舍的旧业务线，也许就被趁机“甩包袱”了。这个时候，无论是人员的岗位，还是工作的内容，都可能会面临巨大的调整。原来的业务骨干可能会被边缘化，之前某个数据管理小助理也可能摇身一变，成了各部门都争相抢夺的“香饽饽”。

所以说，有时候不是因为一件事“错了”而没去做，对于企业来说正确的事情，未必每个人都认为是正确的。那些在数字化转型中保守的一方，也有自己的利益诉求，如果在转型的过程中没法稳妥安置、平稳过渡，那么在转型的过程中就会遇到很大的阻力。而这种来自人的阻力，在现实生活中比来自技术的阻力要大得多。

即使是畜牧业这样传统的行业场景，如果有足够的创新勇气，那么也有让

“数字化”充分发挥价值的舞台。在该图中，通过编程构造的一个可以自动投喂饲料的智能机器人，可以帮农场主更加准时而贴心地对牲畜进行喂养。

第二节 关于数字化未来的一些想象

从最早的数字化业务实践开始，包括金融、医疗、政务、教育，以及制造在内的大多数行业都以不同的形式取得了一些进展，也积累了不少新颖的数字经济发展模式。当然，也有类似于农业、环保、艺术等的少数行业，在数字化方面还只是刚刚起步。总体来看，凡是依托于数字化的行业和市场，都可以说是发展空间巨大。各行各业都希望通过数字化转型提高自己的竞争力，并从中创造出更多的经济价值。

在本书的最后，我们要展望一下数字化转型的未来。不管是从产业落地角度，还是从技术变化角度，我们都希望通过本书的讨论，能够帮助所有关心数字化的朋友们思考未来数字经济的形态可能是什么样的。

只有准确预判未来，我们才能提前做好准备，迎接挑战，顺应趋势方可有所作为。从大的方面来说，未来的数字化发展具有技术普惠、行业覆盖、虚实结合、全面升级 4 个方面的主要特征。

技术普惠：从大企业到小团队

当前，关于互联网经济格局的竞争，已经到了下半场，也就是从移动互联网时代逐渐过渡到产业互联网时代。随着诸多“大厂”在互联网行业长期的精耕细作，它们已经构建了非常成熟的技术能力。而这些技术能力恰恰可以服务于传统的中小微企业进行数字化改造，并能帮助它们快速形成信息技术能力，快速吃到信息化和智能化的时代红利。

什么是产业互联网呢？产业互联网就是指服务于 B 端的互联网应用。因为现在 C 端用户的流量红利已经被挖掘得差不多了，大家不管是午休娱乐还是在地铁上打发时间，都已经在很“努力”地使用各种 App 了。所以，如果在 C 端一直竞争下去，接下来就只剩下“内卷”了。

从社会技术资源配置的角度看，如果想用信息技术为社会更高效地创造价值，则不应该只在消费端“动心思”，更多的还是要在企业端赋能。

在未来，对于数字化转型来说，一个非常典型的特征可能是，大企业先去“踩坑”，率先钻研业务领域的数字化体系，完成核心业务的数字化升级和数字化创新，提升用户的服务体验。之后，大企业再将数字化业务能力对外输出，为所在行业的中小企业赋能，对整个供应链进行全局的技术升级。

当前已经有很多大厂开始大力布局，助推小企业数字化转型，这些大厂除了提供文档管理、在线会议、业务审批等一系列数字化的通用管理工具，提高中小企业的日常办公效率，同时也会基于数据中台，围绕行业核心业务数据提供各种定制业务能力支撑，帮助这些企业进行数字化运营，甚至综合业务决策。

对于一个行业来说，进行数字化转型需要投入很多的成本，不管是人力成本、经济成本、管理成本，还是技术成本。相比于中小企业来说，大企业更有实力成为转型的先驱者，他们有能力和魄力来更高效地推动这个事情。

就像前面提到的，仅积累数据、搭建系统这些基础性的工作，投入就不是一般公司能承受的。而且很多数字化业务模式的构建，需要充分整合大量业务经验，而只有大企业才可能拥有这么多专家和业务数据来支撑转型事业。

大企业完成转型之后，借助自己的业务“流量”优势，可以很快地将数字化业务模式和产品形态“实验”出来。这些能力如果给小企业，那么小企业不用投入巨大的成本就可以享受到数字化技术的福利。

比方说，阿里巴巴作为电商巨头，背靠“淘宝”和“天猫”，由于掌握了大量的市场一线交易数据，所以很好地为入驻其平台的海量中小企业商家进行了数字化的赋能升级。除了开放更多流量，还会助力商家提升自身的数字运营能力，包括小程序建设能力、“千人千面”的店铺能力，以及数字会员的运营能力等。

除了拓展商家线上业务，阿里巴巴还开展了“新零售”计划。按照马云自己的说法，新零售是线上、线下与智慧物流相结合的零售。在这种模式下，线上与线下的竞争关系变为互利共生的关系，实体零售店的营销、仓储，乃至店面设计都由大数据分析来指导。新零售的特色在于个性化销售，实体店可以根据消费数据准确预测顾客需求，更加灵活地进行商品备货和营销活动。

除阿里巴巴外，腾讯在“数字能力”输出方面也做得相当不错，只不过腾讯不是依赖交易数据进行决策支持的，而是基于社交运营的路线，聚焦流量的管理和推广。腾讯可以支撑的数字化场景甚至更加广泛，复杂的不说，最接地气的就是微信小程序，不同领域的商家都可以根据自己的业务需求构建数据应用，提升现有业务的数字化水平。

不管是点餐平台、外卖平台、就诊平台，还是快递平台，都可以基于微信小程序构建。手机的屏幕就巴掌点大，用户不可能“细心”到为每个场景专门下载一个 App 来用，也不是所有的中小企业都有足够的“闲钱”来做这个事。因此，在微信小程序架构上快速搭建一个应用程序是非常明智的选择。

商家可以通过微信小程序快速地与用户构建紧密的联系，基于用户在微信小程序上的使用情况分析数据，进行精细化的用户管理，更贴心地服务用户，更“聪明”地投入营销成本。

《2021 中国小企业数字初始化指数 2.0》中显示，中国小企业的平均生命周期为 2.5 年，而数字化水平最高的小企业的平均生命周期则能达到 13.3 年，超出平均生存水平 5 倍多。在数字化的浪潮下，小企业逐渐拥抱数字化是大势所趋，虽然它们可能暂时缺乏很强的技术能力，但是大企业会为它们提供这方面的服务，帮助小企业补齐短板。此时，小企业要做的不是为技术焦虑，而是提升数据认知能力，愿意去接受业务形态的变化，以及面对技术冲击带来的新想法和新挑战。

数字化转型在未来不再只是大企业的专利，数字化红利会向大企业的周边溢出，以后会有更多小企业有机会享受到“高性价比”的数字化服务。数字化以中台的形式，加持云服务的高性能、低成本特点，足以让数字化服务像水一样流向行业中的不同企业。数字化服务将是一种新的供应链资源，支撑产业上下游各个企业参与主体的日常经营。

■ 行业覆盖：从新兴领域到传统行业

零售行业和服务行业是最先引入“互联网+”商业模式的，基于“互联网+”的业务先天就携带着数字化基因，因此非常容易引领数字化创新的潮流。相较而言，传统行业在开展数字化方面就困难多了。对于传统行业来说，进行数字化改革是强行引入数字化模式，“过渡”得也就没有线上的 To C 业务那么自然。

从当前的发展情况看，传统行业在数字化转型方面确实是“慢半拍”的，甚至“慢一拍”。就像前面提到的，传统行业因为缺少底层的信息化基础，缺少数据积累，所以光是在数据方面欠下来的“债”，就很难补起来。

除此以外，更为重要的是，在应用模式上，传统行业的数字化转型需要更多的业务环节介入，需要企业对原有业务过程进行大改造，甚至需要完全做个新模式。而这些工作，都需要推翻现有的“实体”资产架构，重新构建，这个过程中会花很多钱，但是一旦转型完成，就很可能会让原有的产能结构发生颠覆性改变。

从“数字化”这个概念火起来开始，数字化在第一、二、三产业的渗透率都有所提高，但是数字经济的增长，明显更集中在第三产业。换个思路看待这件事，我们也可以认为，在第一、二产业通过数字化创收存在着非常大的发展空间，而很多企业已经开始把握这个机会。

好比这两年，“智能制造”这个概念很流行，包括工业 4.0，都是围绕第二产业推广数字化提出的，这方面的实践成果也确实不少。而制造业毕竟属于高精尖行业，是有高科技门槛的，因此进行数字化推广这件事并不难理解。但事实上，即便是能源这种“资本密集型”的传统工业，也有很多的数字化需求和机会存在。

就以石油、天然气的开采为例，我们都知道开采设备经常需要在极端的自然环境中工作，设备本身在工作中的损耗是非常大的，十分容易出现故障。结合生产数据对设备的故障进行提前预测并对设备进行定期维护，保证设备稳定运行，可以节约大量的维修费用。如果将眼光放长远点，把开采设备停机对炼油和石化工业等下游行业的影响也算进来，那么这种数字运营能力带来的经济效益空间更大。此外，在勘察石油和天然气储量的过程中，也会产生大量非常重要的地质数据和生产数据，把这些数据与硬件数据有效结合，可以极大地提高地层中碳氢化合物的识别效率，更加精准地进行资源定位和开采，提高能源获取的综合效率。

那么，数字化转型在第一产业的场景中有没有具体的玩法呢？答案自然是有的！

在农业领域，通过对农业生产数据的自动采集和智能分析，可以优化种子种植、灌溉及喷洒等操作，让这些生产活动更加精准，显著地减少化肥和灌溉成本，并且有效提高农作物的产量。

在畜牧业领域，可以通过采集动物的语音信息，结合语音识别技术分析声音信号的变化，自动识别牲畜是否患病，以便尽早进行治疗干预，减少养殖者的损失。在国外的一项学术研究中发现，利用神经网络的模式识别算法，可以做到有效地识别出病鸡（识别两种最常见的疾病）。这个算法对已经发病 2 天的病鸡的识别准确率为 66%，对已经发病 8 天的病鸡的识别准确率则可以达到

100%。

另外一个更加直观的应用是，直接“雇佣”一个机器人来工作，把农民伯伯彻底解放出来。例如，现在有些农场已经开始尝试构建对水果和蔬菜进行分拣的智能设备了，还有不少操控无人机进行播种的尝试，这些应用都可以节约很多生产方面的人力成本。农业在本质上是一个劳动密集型的行业，用机器来代替人力活动，甚至可能改变农业活动的底层业务逻辑，迎来真正的智能化农业时代。

■ 虚实结合：从互联网到元宇宙

虚实结合是指随着数字化技术越来越成熟、完善，现实中的业务会呈现出更多的虚拟化特点。虚拟世界会有更高的灵活性、创新性和开放性，这些特点可以更好地满足全球化大背景下经济持续增长的迫切需求。

随着 VR、AR、5G、3D 建模等技术的快速发展，未来的数字化业务会不断地打破物理世界和虚拟世界的界限，将二者更加紧密地融合，并且充分利用虚拟世界中的建模能力、计算能力，以及分析能力来改善现实世界的业务状况。

当我们聊到虚拟世界时，自然绕不开元宇宙这个“家喻户晓”的技术话题。什么是元宇宙呢？可以想象，只要戴上一个 VR 眼镜，就马上进入一个全新的虚拟空间，商店、公路、楼房、路人，一切都和现实生活交融。我们可以在里面任意地走动，在这个空间中自由地穿梭、旅游、游戏、社交……就像电影《头号玩家》里面描述的场景一样。

当前的 VR 技术只能提供一个人造空间，让人们在里面参观，最多进行一些简单的游戏，但是大多做不了实际的事情。而在元宇宙的构想里，现实物理世界中的吃喝玩乐、消费投资，都可以在这个元宇宙“空间”中同步进行。

有人会问，现实物理世界的生活不是挺好吗？为什么要到元宇宙里生活，难道地球上的空间不够了吗？

在回答这个问题之前，不妨先思考另一个问题：我们去实体店买东西就挺好了，为什么要网上购物呢？

其实元宇宙的本质就是互联网。如果说很多传统业务都存在线上化创新的需求，那么这些业务未来被设计在元宇宙中自然也是顺理成章的。只不过因为这个互联网太过“逼真”，跟现实世界越来越像，所以才有了元宇宙这个“优雅”的名字。

当前，数字化转型中的很多应用都需要通过网络实现。类似地，未来数字化创新业务也会朝着元宇宙场景下的形态去发展。元宇宙时代的互联网与现在的互联网之间有很多区别，除全息沉浸式特效以外，还有更加开放、更加丰富的互联网环境。元宇宙概念的提出，给数字化业务的创新发展带来了很多好处。

首先，元宇宙具有强大的内容表达能力。元宇宙允许在更多物理空间环境下才能产生的活动和服务在虚拟世界中也能发生，这突破了传统空间对业务的限制。典型的应用有基于虚拟人的远程会议，或者“把故宫直接做成可供游览的 3D 场景”的数字文旅项目。由于新冠肺炎疫情的原因，这些应用被“刺激”地快速发展，催生了一个基于线上场景的、能够覆盖更多客群需求的“沉浸式”应用市场。

其次，元宇宙具有“仿真”能力。这一点在前面的数字孪生部分其实已经聊过，通过构建现实物理世界的映射，我们可以更好地分析世界、改造世界。未来，一个企业对业务的抽象化和虚拟化能力，可以直接看作其对所在领域业务知识和业务经验的掌握和运用能力。这样的企业可以更好地对业务计算，并对业务进行全方位的智能化升级。

最后，元宇宙具有开放性特征。元宇宙中的不同网络平台都可以“无缝”连接在一起，一个用户在一个网络平台中的数据和“虚拟资产”，到另一个网络平台中也有效。例如，某用户在游戏平台 A 上赚取了 1000 个游戏币，这些游戏币拿到游戏平台 B 上也可以使用，可以任意购买游戏装备。

未来的游戏不仅用于娱乐，而且会成为经济系统的一部分，把社交、娱乐的元素融入虚拟世界的建设中，可以对元宇宙生态的繁荣起到非常好的“催化”作用。

根据这个思路，我们可以更好地规划虚拟世界的运行机制，比如游戏奖励机制，用来激励用户更多地使用虚拟世界并参与到虚拟世界的建设中去，然后通过这个过程，充分发挥网民的智力活动，不断对虚拟世界进行建设和完善。

元宇宙这个概念虽然比较新，但事实上，不管在产品体验，还是在商业模式上，都已经有了很多不错的场景化应用。例如，世界最大的多人在线创作游戏 Roblox，可以开展虚拟土地购买和经营管理的投资型游戏 Decentraland，面向 NFT 藏品交易的大型线上交易平台 OpenSea，以及基于数据共享驱动模式的智能汽车……

我们看到，虚拟化是当前数字化转型的一大趋势。虚拟化打通了线上和线下之间的壁垒，构建了事物之间在时空上的联系。通过虚拟化这个工具，我们可以玩出更多的数字化业务，可以创造出更多的虚拟产品和虚拟服务，同时也可以激发对虚拟经济全新商业模式的积极探索。虚拟化与数字化的结合，不仅能够提高经济效率，还能创造出一个更广阔的市场。

■ 全面升级：从专业智能到普适智能

最后我们来讨论一下智能化方面的话题。当数字化应用发展到比较高级的阶段时，基本上都会展现出智能化的特点，代替普通人甚至某些领域有经验的专家来做各种各样的决策，如信息审核、商品导购、内容推荐、业务咨询、医疗诊断、考卷评分等。而机器代替人来做这些事的好处不仅仅在于节约成本，还在于能有效地减少由人的情绪化和疲劳化带来的工作失误。

从技术上讲，为了让机器能够代替人来做这些事，就得教会机器如何做事，这里面又包括两个具体步骤：一是构建一个算法模型；二是用数据来“投喂”

算法模型，让模型学习人的办事经验，也就是模型“训练”。

因此，为了能够获得聪明的、能够做好事的算法模型，我们既要在模型设计上下功夫，又要在数据资源建设方面花费精力。

在当前的智能化技术发展水平下，机器只能做垂直领域的事情。什么意思呢？一个算法模型只能完成一类任务：能够做文字识别，就不能做自动翻译；能够做自动翻译，就不能预测用户的消费行为。和人相比，机器才是“专才”。

如果想让机器做好一件事，就要专门为这件事构建一个模型，以及准备用来“调教”模型的专门数据集合。我们人类可以做千千万万种事情，包括日常活动及专业的生产行为。但如果想让机器达到人的水平，且不说高级员工，就是做到满足一个普通人的日常生活交流，都是十分困难的，机器要学的实在太多了！

有太多的业务知识需要机器来学习了，而每件事都需要同时解决模型构建和数据获取的难题。为什么说信息化是数字化的基础呢？至少从构建智能机器的角度来说，要想获得好的模型，就得积累足够多的相关业务数据，而这些数据都是在信息化的过程中不断积累下来的。

在数字化转型的长远愿景中，我们希望机器像人一样越来越全能，让机器从专业智能进化到普适智能。只能做一件事的机器只是工厂里的一件高级设备，而能够做很多事的机器，才敢“厚着脸皮”说自己是个机器人。构建具有普适智能的机器，将是人工智能发展的下一个挑战性目标。

我们应当如何让机器具有普适智能呢？当前数据科学家们通常会从两个角度来解决这个问题。

一是“饭要一口一口吃”，不断构建出更多垂直专业的应用模型，虽然任重道远，但是可以通过一些技术手段来加速模型构建和模型训练的速度，比如现在比较热门的深度学习、预训练模型、小样本学习、元学习等技术。

二是构建真正“类人”的仿生机器，让机器在学习经验的方式上和人脑一样巧妙。当前，人和机器在获取“智力”方面采取的方式是不一样的，人脑的学习方式在底层机理上，其实根本不像机器那么生硬。

即便是三四岁的小孩，在快速学习能力上也比机器强大得多。最先进的算法模型要想从一堆苹果图片中准确识别出鳄梨，可能需要经过几十上百张图片的指导，但是很多小孩子只要见过一次鳄梨图片，下一次就能准确识别鳄梨了。

因此，最近几年脑科学领域的研究十分火热，诸如“人类大脑的构造和思维方式到底是怎样的”等问题对我们具有很大的吸引力，这也是智能技术产生飞跃性突破的关键所在。我们希望能够更好地了解自己，把人类自身的优秀品质灌输到智能机器中，以帮助我们更好地优化业务、改造世界，探索更丰富的生命体验。

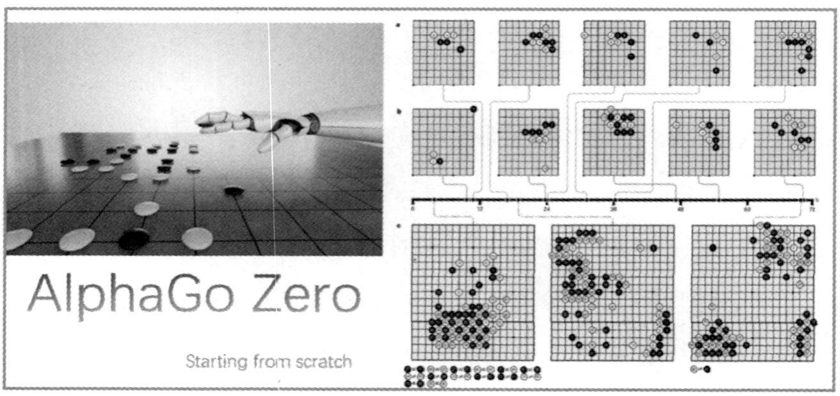

AlphaGo 和 AlphaGo Zero 是集成了最前沿人工智能技术的围棋机器人，即使是当今世界顶尖的职业围棋选手，也不是它们的“对手”。尽管如此，人工智能仍然只能在棋类游戏这种少数的领域与人类智能媲美，机器的智能化仍然任重道远。

结语：认知决定成败，我所理解的数字化

都说认知很重要，认知决定一个人的格局，也决定一个企业的成败。这个道理对数字化转型来说也是一样的，主导数字化的人一定要有正确的认知，也就是坚定地相信数字化这件事的价值和意义。

目前，数字经济已经占到国民经济总量的40%，成为未来国家发展的重要支柱。从这里可以看出，任何行业、企业，都或多或少地在与数字化这件事发生联系。在技术浪潮到来之时，谁也不能避开，我们都要顺势前进。

在互联网和人工智能的相关行业中，我们的确已经走在了数字化的前沿，因为这些行业本身就具备数字化的基因，作为新兴行业，没有“历史的包袱”，所以可以轻装上阵，小步快跑，成为数字化创新的“先锋官”。但是，对于传统行业来说，数字化和它们也并非没有关系，光在旁边“看热闹”可不行。无论处于何种行业，我们都要积极地提升对数字化的认知，勇敢地参与进来！

目前，第一、二、三产业都在开展数字化转型，但其实更多的机会在第一产业和第二产业上面。第一、二产业相关的行业对劳动力的依赖性较大，同时发展年代也比较久远，这就导致了这些行业的决策者们很容易陷入集体共识里——大家抱团做落后分子，把数字化技术看作奇技淫巧，较少关注。

在数字经济的时代大背景下，传统行业的决策者更需要看到数字化带来的机会和挑战，不应该停留在舒适区，“抱着”老手艺和老思想不改变。信息技术可以带来效率，带来机会，带来新业务，同时具有更强的灵活性和对风险控制的能力。数字化的好处是毋庸置疑的，况且少数探索者已经尝到了“甜头”。

传统行业的决策者要想象得到，在数字化时代，农民也可以遥控飞机撒种子，工人也可以指挥机器人搬运钢铁耗材，手机生产线上的质检工人再也不用在“小黑屋”里盯电路板了。既然接纳数字化可以让所有人都舒舒服服地赚钱，那么为什么不这样做呢？

当然，也有很多“老师傅”会担心数字化“坏”了传统，那是因为错误地把“传统”和“落后”这两个概念混淆了。虽然时代一直在进步，但是传统却可以一直都在，这并不矛盾，数字化技术甚至可以把传统更好地保护起来。

传统想表现的是人的创造能力，想突出的是生产活动中人的灵性那一部分价值，数字化解决的仅仅是社会效率问题，并不阻碍创造力的发挥。有人说，手工揉的面条好吃，那是传统，有“古早味”，所以排斥“机器人”来干这事儿。如果是因为这种理由拒绝了数字化，那么只能说明机器人还做得不够好，而不是这个思路有问题。

一个面馆师傅一天只能生产300碗面，大汗淋漓，非常辛苦，如果有合适的数字化生产设备，就能够根据外卖订单自动实时生成“擀面条”程序，根据食客对宽细、多少的个性化要求，动态地按份生产，一天几千碗卖出去，快递准时送达，顾客也满意。这个时候，面馆师傅还有空闲时间琢磨一下新配方，发挥更多的创造力，何乐而不为。

数字化对于文化传统领域也是一样。相信很多人想起博物馆人头攒动的场景就会烦躁，从人群中好不容易瞄到文物，还没看清是哪个朝代的，就被“挤”到边上去了。然而通过对文物进行精准的3D建模、数字成像，再加上特制的VR设备，参观者戴上眼镜后马上就能进入虚拟现场，和文物“零距离”接触，没人打扰，身临其境地感受文物的魅力。既避免了破坏文物的风险，也大大增加了对历史文化的传播力度。

我们要认识到，数字化技术是用来解放劳动力，更好地释放人的创造力的，同时它也能让传统的东西更好地发扬光大。

对于数字化强大的认知还体现在对数据的看法上，决策者要有健康的数据观。

我们怎么看待数据，决定数字化到底能不能有效落地并给企业带来实际价值。企业的管理过程会产生大量的数据，传统的看法是，数据随业务开展产生，帮助我们收费、盘点、记账或考核，最多用来制订经营计划。但数据的价值仅仅如此吗？数据不只是用来算账的！

在数字经济时代，数据是资产，这个观点要被特别重视。企业里好多人不查账根本想不起来数据有什么用，这就是对数据不敏感。数据就是收益，强大的认知能力在于能从数据中看到更多的业务机会。

例如，在零售场景中，通过分析用户移动支付订单的数据，可以让我们了解到每个进店的消费者在什么时间购买了什么，商品之间是怎么互相“搭配着”买的。如果发现哪个商品卖得特别好，利润又高，那么是不是可以再设计其他类似的款式试一试？夏天的时候，椰子味的饮料、雪糕、小点心，都卖得特别好，那么是不是可以考虑在自营奶茶柜台也推出一款具有椰子特色的拿铁咖啡呢？数据可以在原本的业务中复制“成功的产品和服务”，更高效地强化竞争优势。

在未来，数据不仅是一个业务执行完成的结束，而且是新业务创新的开始。

数据越多、越复杂，商业机会也就越大。在互联网时代，能聚集流量的地方，就是产生价值的地方。同样，在数字经济时代，能聚集数据的地方，也是未来价值“井喷”的风口。

这就是为什么数字化业务都有“马太效应”的特征，人和企业的数据积累能力和数据应用能力都会增速发展。从前，“马太效应”体现在企业的资本能力上，有钱的企业越来越有钱；而在数字化时代，数据可以代替资本成为新的“核心竞争力”。没有足够的现金流也没问题，只要能聚集数据，就能“滚起雪球”。有了更多的数据，就会有更多的业务创新，从而又会进一步加强数据价值的积累。可以说，聚集数据的公司很快就可以成长为“有钱”的公司。

因此我们可以看到，这两年出现的高科技独角兽企业特别多，这些企业可以在一到两年的时间里，迅速实现以往十几年，甚至几十年才能达到的发展规模。而这些企业所在的行业，数据的生产能力和制造能力都非常强，比如支撑大众自媒体创业的短视频内容平台，基于物联网高密度数据通信的无人驾驶和智慧工厂，集成大量社会顶尖教育资源的知识付费平台……

反过来看，在数字经济时代，如果一个企业只有钱，则其优势可能会被慢慢地消磨掉。毕竟，未来的市场环境会变得越来越复杂，充满更多的不确定性"迷雾"，当淹没在那么多的数据里时，任意一个错误的关键决策，都有可能让企业立刻陷入危机。

当今时代，不管是在哪个行业中，数据都可以看作一个"大金矿"，能够找到金矿的人和知道怎么从金矿中提炼出金子的人，都是这个时代的佼佼者。找到更多的金矿，说的就是发现数据的能力，对应的是数据认知的宽度；而从金矿中提炼金子，则说的是具备从数据中挖掘出重要商业价值的能力，指向的是数据认知的深度。有了认知的宽度和深度，数字化创新才有更多可能，也才能做得更加成功！